Manipulationstechniken Für Anfänger

Wie Sie Manipulationen erkennen, abwehren und durch gezielte Gesprächstechniken Ihren Gegenüber für sich gewinnen inkl. BONUS: Menschen lesen und Verhörtechniken

Alexander von Albrecht

ISBN – 9798654394606

Inhalt

Manipulation im Alltag

Manipulation findet ständig und überall statt. Sie lässt sich kaum vermeiden, da sie ein großer Teil unseres Lebens ist. Jeder Mensch manipuliert andere. Manche mehr und manche weniger. Die meisten wissen nicht einmal, dass sie durch ihre Aussagen andere manipulieren. Doch nicht nur durch Worte, sondern auch die Körpersprache und das Aussehen findet Manipulation statt.

Heutzutage ist dieses Wort oft sehr negativ belastet. Die Bedeutung davon ist allerdings nur, dass man sich mit einem geschickten Vorgehen einen Vorteil verschafft oder etwas Begehrtes erhält. Wenn man danach geht, manipulieren wir andere ständig und zu jeder Zeit. Deshalb kann man Manipulation auch nicht grundlegend verteufeln. Ob sie gut oder schlecht ist, hängt von den Absichten ab, die der Manipulierende verfolgt. Wenn Eltern ihren Kindern gesundes Essen schmackhaft machen oder sie davon abhalten wollen, Drogen zu nehmen, machen sie das nicht aus Böswilligkeit. Im Gegenteil. Sie wollen ihren Kindern etwas Gutes tun. Wenn man einen Menschen so manipuliert, dass man selbst einen Vorteil, der andere jedoch einen Nachteil hat, ist dies moralisch in der Regel verwerflich. Bei Gehaltsverhandlungen zu manipulieren ist gesellschaftlich jedoch anerkannt. Wann genau die Manipulation gut oder schlecht ist, kann man deshalb nicht so genau einordnen. Hier muss jeder Mensch für sich einen Maßstab finden. Es handelt sich bereits um Manipulation, wenn man einem Freund so oft von einem guten Film erzählt, bis dieser ihn sich anguckt. Ist das moralisch verwerflich? Wohl eher nicht.

Besonders interessant ist es, dass Menschen andere immer für deutlich beeinflussbarer halten als sich selbst. Das zeigt eindeutig, dass wir uns selbst überschätzen. Wir haben das Gefühl, Herr unserer Gedanken zu sein und können uns kaum vorstellen, dass wir uns so stark beeinflussen lassen. Damit überschätzen wir unsere eigenen Fähigkeiten und machen uns noch anfälliger für Manipulationen. Denn wenn man ihnen wiederstehen möchte, muss man sich kritisch selbst hinterfragen.

Interessant ist, dass Menschen, die inkompetent sind, sich besonders stark überschätzen.

Augenfarbe

Wie kann man mit der Augenfarbe manipulieren? Natürlich nicht mit der eigenen. Der Trick bei dieser Methode ist es, bei einer Unterhaltung auf die Augenfarbe des Gegenübers zu achten. Dadurch erzeugt man einen intensiven Blickkontakt. Wenn man diesen mit einer gelassenen Grundhaltung verbindet, löst man bei dem Gesprächspartner ein gutes Gefühl aus. Außerdem vermittelt Augenkontakt Selbstsicherheit. Wenn es sich im Gespräch anbietet, kann man dem Gegenüber seine Augenfarbe mitteilen. Dieser wird erfreut darüber sein, wie viel Interesse man an ihm zeigt. Man kann diesen Effekt auch sehr gut an sich selbst testen, indem man darauf achtet, wie man selbst darauf reagiert, wenn andere einem beim Gespräch in die Augen schauen oder woanders hingucken.

Du wirst schnell feststellen, dass du ein viel angenehmeres Gespräch mit einer Person haben kannst, zu der du Blickkontakt aufbauen kannst. Stell dir vor, dein Date erwähnt plötzlich deine Augenfarbe mitten im Gespräch. Über so viel Aufmerksamkeit würde sich jeder Mensch freuen. Dies ist nur eine kleine Manipulationsmethode. Doch auch hier stellt sich die Frage, mit welcher Absicht man sie anwendet. Versucht man damit einer Person, die man mag, ebendies zu vermitteln, ist es vollkommen angebracht. Wenn man jedoch einem anderen Menschen falsches Interesse vorgaukeln möchte, ist dies moralisch nicht optimal.

Der erste Eindruck

Der erste Eindruck ist sehr wichtig. Es ist uns nicht bewusst, aber wir legen sehr viel Wert darauf, welchen ersten Eindruck wir von unserem Gesprächspartner bekommen. Doch warum? Schließlich hat man im Laufe eines Gespräches doch viele Möglichkeiten, einen guten Eindruck zu hinterlassen. Das Gehirn bildet sich jedoch bereits in den ersten Sekunden eine Meinung über die Person. Dieser erste Eindruck hat einen Einfluss darauf, wie alle weiteren Gesten und Worte dieser Person interpretiert werden. Dadurch werden einige Eigenschaften möglicherweise einfach überschattet oder ignoriert. Das ist eine Manipulation, die wir uns selbst antun. Nur wenn man darüber Bescheid weiß, kann man dem entgegenwirken. Man sollte Menschen, die man neu kennenlernt, mehrere Möglichkeiten geben, sich zu präsentieren. Doch wenn man selbst einen guten Eindruck machen möchte, muss man davon ausgehen, dass dieser erste Eindruck entscheidend ist. Ein kräftiger Händedruck ist wichtig, aber man sollte auch nicht so fest zudrücken als wolle man ein Glas aufschrauben. Es geht nicht darum, die eigene Kraft unter Beweis zu stellen, sondern sich selbstbewusst zu präsentieren. Gleichzeitig muss man auf eine aufrechte Körperhaltung und ein freundliches und ehrliches Lächeln achten.

Manipulierte Sprache

Natürlich ist auch die Sprache ein gutes Mittel, um andere Menschen zu manipulieren. Man kann ein Gespräch in die Richtung leiten, in der man es haben möchte, um den Gesprächspartner zu manipulieren. Schon durch kleine Aussagen kann man jemanden in eine bestimmte Richtung lenken.

Der Halo-Effekt

Der Halo-Effekt ist schuld daran, dass bekannte Persönlichkeiten so beliebt und beneidet werden. Man lernt einige Charaktereigenschaften dieser Person kennen und schließt durch diese bekannten Eigenschaften auf die unbekannten Eigenschaften. Man füllt daher alle Eigenschaften, die man nicht kennt, mit positiven Merkmalen aus. Das führt dazu, dass diese Person wie ein Übermensch wirkt. Hier manipulieren wir uns im Grunde wieder selbst. Um diesem Effekt entgegenzuwirken, muss man sich darüber bewusst sein.

Wenn man sich anderen Menschen präsentiert, sollte man darauf achten, dass man seine guten Charakterzüge zuerst hervorbringt. Dadurch werden alle negativen Charakterzüge, die später auftauchen, vom Gesprächspartner positiv wahrgenommen. Geiz wird zum Beispiel als sparsam wahrgenommen. Andersherum kann es natürlich kommen, wenn man sich im ersten Eindruck nicht gut präsentiert.

Der Priming Effekt

Dieser Effekt hat einen großen Einfluss auf uns Menschen. Inzwischen sind wir uns dessen auch fast alle bewusst, aber niemand kann ihm aus dem Weg gehen. Der Priming Effekt setzt immer ein, egal ob wir uns darüber bewusst sind oder nicht. Denn er hat einen starken Einfluss auf das Unterbewusstsein. Wenn man einen Film gesehen hat, in den man ohne große Erwartungen gegangen ist und er diese Erwartungen übertroffen hat, wirkt er sehr viel besser als er eigentlich ist. In dem Fall schwärmt man den Freunden von diesem Film vor und erzählt davon, wie toll er ist und dass alle ihn sehen müssen. Wenn diese Freunde jetzt in den Film gehen, werden sie enttäuscht sein. Denn sie hatten extrem hohe Erwartungen, die der Film nicht erfüllen konnte. Der Priming Effekt beeinflusst fast alles was wir im Leben machen, denn wir haben fast immer irgendwelche Erwartungen. Wie wir eine Situation wahrnehmen, hängt davon ab, ob diese Erwartungen, über- oder untertroffen werden. Wenn man einen Film gesehen hat, der einem extrem gut gefallen hat und man möchte, dass die Freunde ihn ebenfalls so gut finden, muss man ihn kleinreden. Man erzählt seinen Freunden, dass er nicht besonders überragend war, aber man ihn gucken kann. Nur dann kann es passieren, dass die Freunde den Film ebenfalls so gut finden.

Diesen Effekt kann man bei sehr vielen Dingen einsetzen. Auch auf der Arbeit ist es sehr hilfreich. Wenn man zum Beispiel Kosten veranschlagen muss, sollte man immer besonders hoch greifen. Der Auftraggeber wird dann sehr begeistert von der Arbeit sein, wenn er am Ende weniger zahlen muss. Sie können es ja mal an sich selbst ausprobieren, ob Sie diesem Effekt wiederstehen können. Das Problem ist, dass er komplett unser Unterbewusstsein manipuliert. Wenn man weiß, dass man den Film nur so gut fand, weil man dem Priming Effekt verfallen ist, wird man den Film dennoch gut finden. Doch es kann nützlich sein, die einzelnen Momente im Film, die man besonders gut fand, noch einmal im Kopf durchzugehen und sich objektiv zu überlegen, wie gut der Film tatsächlich war.

Die Füße und die Körperstellung

Unsere Körpersprache verrät uns immer. Wenn man sich versucht zu verstellen, wird der Gesprächspartner dies an der Körpersprache erkennen. Deshalb sollte man sich immer möglichst natürlich geben. Die Füße und die Körperstellung zum Beispiel sagen aus, ob man wirklich in ein Gespräch vertieft ist. Wenn die Füße und der gesamte Körper des Gesprächspartners einem zugewandt ist, ist er an dem Gespräch wirklich interessiert. Wenn er einem eher abgewandt ist, mangelt es ihm möglicherweise am Interesse. Um nicht zu aufdringlich zu wirken, bietet es sich jedoch an, bei neuen Bekanntschaften eine leicht schräge Körperstellung zum Gesprächspartner einzunehmen.

Foot-in-the-door-Technik

Diese Technik kann man sich bildlich vorstellen. Wenn man die Tür aufmacht, kann man sie jederzeit wieder zuschlagen und der Vertreter vor der Tür hat keine Chance mehr. Deshalb versucht der Vertreter, sobald die Tür offen ist, einen Fuß in die Tür zu stellen. Dadurch kann sie nicht mehr zugeschlagen werden. Diese Technik kann man in Gesprächen nutzen. Wenn man Menschen neu kennenlernt und sie direkt um einen großen Gefallen bittet oder ihnen etwas verkaufen möchte, werden sie das Gespräch vermutlich sofort beenden. Deshalb beginnt man ein Gespräch erstmal, in dem am Interesse am Gesprächspartner zeigt. Anschließend folgen kleine Bitten, die er nicht ablehnen kann. Dadurch schiebt man seinen Fuß in die Tür. Wenn im nächsten Schritt immer größere Bitten folgen, ist die Wahrscheinlichkeit deutlich geringer, dass diese abgelehnt werden. Doch warum funktioniert das so gut?

Wenn man jemandem einen Gefallen getan hat oder ihm geholfen hat, ist man selbst in der Position des Retters. Man sieht sich als Helfer und Gutmensch und denkt, dass der andere einen ebenso sieht. Wenn diese Person erneut mit einer Bitte auf einen zukommt, möchte man unbedingt das Bild von sich als Helfer in der Not aufrechterhalten, weshalb man alles gibt, um auch die nächste Bitte zu erfüllen. Desto öfter man einer Person einen Gefallen tut, desto mehr klammert man sich an dieses Gefühl, dass man hat, wenn man sich als Helfer fühlt. Dadurch können die anfangs kleinen Gefallen mit der Zeit immer größer werden, denn die Hemmschwelle wird immer größer. Aus diesen Beziehungen können sehr ungesunde Abhängigkeitsverhältnisse entstehen. Desto mehr man für eine Person tut, desto wichtiger wird diese Person für einen. Man kann regelrecht süchtig danach werden, etwas für diesen Menschen zu tun und sich dafür immer wieder ein Lob abzuholen. Dieser Effekt trifft auch auf viele Hunde zu. Sie machen viele Dinge nur, um ihrem Menschen zu gefallen und sich am Ende ein Lob abzuholen. Der Unterschied zwischen einer gesunden und einer ungesunden Beziehung ist, dass man sich bei einer gesunden Beziehung gegenseitig Gefallen tut. Die Foot-in-the-door-Technik ist daher keine optimale Taktik, um eine Beziehung auf persönlicher Basis aufzubauen. Sie eignet sich allerdings super für geschäftliche Beziehungen und wenn man etwas verkaufen möchte.

Pacing

Mit dem Pacing ist das Spiegeln des Gesprächspartners gemeint. Dadurch soll erreicht werden, dass eine unterbewusste Bindung entsteht. Hierbei darf man es natürlich nicht übertreiben. Der Gesprächspartner darf nicht davon mitbekommen, da ansonsten eher eine Abneigung entsteht. Das Pacing ist nicht darauf ausgelegt, dass man jeden Schritt des Gegenübers kopiert. Man fokussiert sich auf Kleinigkeiten. Dazu gehören die Stimmlage, die

Sprechgeschwindigkeit, die Atemfrequenz, das Räuspern, eventuelles Gähnen, die Körperhaltung, sprachliche Besonderheiten, Fachbegriffe, Gestiken und die Stimmung. Alle diese Dinge haben mit der Persönlichkeit des Menschen zu tun. Wenn man sich ihnen anpasst, bekommt der Gesprächspartner das Gefühl, jemanden mit einer ähnlichen Persönlichkeit vor sich zu haben, mit dem er auf einer Wellenlänge ist. Dadurch entsteht eine unterbewusste Zuneigung.

Das Aussehen

Inzwischen ist vermutlich auch fast allen Menschen bekannt, dass das Aussehen einen starken Effekt auf Menschen hat. Es beeinflusst uns sofort im Unterbewusstsein und wir bilden uns innerhalb von Sekunden eine Meinung. Selbst wenn man sich darüber bewusst ist, kann man dies nicht komplett verhindern. Vor einem Menschen im Anzug hat man automatisch Respekt, während man einen Menschen in zerrissenen und schmutzigen Klamotten sofort als obdachlos und weniger wert einstuft. Dicke Menschen werden häufig als liebenswürdig und gutmütig wahrgenommen und Brillenträger als intelligent. Diese Vorurteile haben wir uns anhand jahrelanger Erfahrung und auch anhand von Filmen angeeignet. Wir versuchen Vorurteilen in der Regel zu entkommen und uns davon komplett freizumachen, aber das wird uns niemals gelingen. Denn unser Unterbewusstsein wird sich weiterhin auf Vorurteile stützen. Allerdings kann man dafür sorgen, dass diese unterbewusste erste Einschätzung keinen Einfluss auf die bewussten Reaktionen hat. Dafür muss man sich natürlich bewusst sein, dass man sich eine Meinung anhand von Vorurteilen gebildet hat.

Wenn man einen besseren Eindruck auf andere Menschen machen möchte, sollte man immer gepflegt auftreten. Eine gute Ernährung und Sport haben einen starken Einfluss auf das Aussehen, deshalb sollte man dies nicht vernachlässigen.

Emotionen

Man kann andere Menschen in ihren Emotionen manipulieren. Dafür muss man die gewünschte Emotion selbst ausstrahlen. Wenn man Trauer in einem Menschen hervorrufen möchte, muss man bei der Erzählung selbst besonders traurig wirken. Um einen anderen Menschen zu begeistern, sollte man selbst vor Begeisterung übersprudeln. Dies ist eine Möglichkeit der Manipulation, die hauptsächlich unterbewusst stattfindet. Meistens empfindet man eine Emotion und strahlt sie deshalb aus. Dass man den Gesprächspartner damit manipuliert, ist einem oft gar nicht bewusst. Doch natürlich wird diese Art der Manipulation auch oft bewusst eingesetzt. Filme sind dafür wohl das bekannteste Beispiel. Sie wollen eine Emotion in uns hervorrufen, indem sie diese Emotion leben. Auch in der Werbung wird diese Art der Manipulation genutzt.

Um sich Freunde zu machen, ist diese Art der Manipulation sehr hilfreich. Wenn man sich sehr dafür begeistern kann, eine Person zu sehen, wird man in ihr ebenfalls Begeisterung hervorrufen. Durch übersprudelnde Freude und viele Emotionen sorgt man dafür, dass sich Menschen in der eigenen Umgebung wohlfühlen.

Manipulation in Supermärkten

Der Durchschnittsmensch manipuliert oft, ist sich die meiste Zeit allerdings dessen überhaupt nicht bewusst. Supermärkte sind in Sachen Manipulation groß dabei. Im Hintergrund stehen Marketingexperten, Verhaltenspsychologen und Neuroforscher, die sich intensiv damit beschäftigen, wie sie die Menschen zum Kauf anregen können. Durch einen Supermarkt zu laufen ist für jeden von uns absolut alltäglich. Wir denken gar nicht darüber nach, aber bei dieser alltäglichen Tätigkeit werden wir öfter manipuliert als wir es uns vorstellen können.

Ist Ihnen das auch schon einmal passiert, dass Sie auf Ihrem Einkaufszettel drei Dinge stehen hatten und am Ende des Einkaufs zwei überfüllte Taschen nach Hause geschleppt haben? Das ist nicht untypisch. So geht es fast allen Menschen. Zwei Drittel der Einkäufe werden erst während dem Ladenbesuch entschieden. Dies ist kein Zufall, sondern wird von den Supermärkten durch geschickte Taktiken verursacht. Wenn man sie kennt, wird man zwar nicht alle umgehen können, aber vielleicht kann man beim nächsten Mal etwas besonnener einkaufen gehen.

Der Einkaufswagen

Im Laufe der Geschichte sind die Einkaufswägen immer größer geworden. Dadurch soll der Kunde nicht merken, wie viel er tatsächlich schon in den Wagen gelegt hat. Die zusätzliche zweite Ebene unter dem Korb gibt noch mehr Stauraum und lässt den Wagen noch leerer aussehen.

Die Kindersitze im Einkaufswagen haben für die Supermärkte außerdem einen großen Vorteil. Die Eltern können ihr Kind dort absetzen und entspannt durch den Laden schieben. Dadurch sind sie weniger auf das Kind und mehr auf die Ware im Laden konzentriert. Das führt zu mehr Spontankäufen. Ein Kind ist für Supermärkte sowieso sehr wertvoll. Wenn man es durch den Laden schiebt, wird es immer wieder Sachen entdecken, die es haben möchte. Kinder quengeln dann solange, bis sie es endlich bekommen und viele Eltern geben gerne nach, wenn sie sowieso schon gestresst sind. Deshalb machen es die Supermärkte den Eltern leicht, ihre Kinder mit zum Einkaufen zu nehmen. Besonders toll für jeden Supermarkt sind die kleinen Einkaufswägen für Kinder. Die Kinder können diesen selbst füllen und tun dies auch sehr gerne mit ihren liebsten Produkten. Dadurch kommt schnell eine ganze Menge zusammen.

Langsames Gehtempo

Bevor wir in den Supermarkt kommen, sind wir gehetzt und schnellen Schrittes unterwegs. Das passt dem Supermarkt natürlich gar nicht. Wenn wir schnell durch den Laden rennen, übersehen wir einige Produkte. Deshalb versuchen die Supermärkte uns am Eingang auszubremsen. Dies wird zum Beispiel durch Drehtüren, Automatiktüren, die sich langsam öffnen, und Schranken erreicht. Doch das reicht noch nicht. Die Supermärkte haben sich überlegt, was dazu führt, dass ein Mensch entspannter wird und langsamer läuft. Die Antwort ist: Frische und Natur. Deshalb wartet am Eingang direkt das frische Obst und Gemüse. Durch das Fruchtaroma und das schöne frische Aussehen der Produkte fühlt man sich im Laden direkt wohl und verlangsamt seine Schritte automatisch.

Einen weiteren Effekt hat natürlich die Musik. Auch sie trägt dazu bei, dass man sich im Laden wohlfühlt. Um das entspannte Tempo zu unterstützen handelt es sich um langsame und ruhige Musik.

Ein interessanter Fakt, den wohl nur die wenigsten Menschen kennen, ist, dass die Böden im Supermarkt oft so sauber sind, dass man sich darin spiegeln kann. Dadurch wird bei dem Kunden das Gefühl erweckt, dass der Boden glatt ist und er ausrutschen könnte. Das führt dazu, dass er langsamer geht.

Auch Wühltische sind dafür da, um den Kunden länger im Laden zu halten. Man hält an, weil es gute Angebote gibt, und wühlt sich durch die verschiedenen Produkte. Dabei findet man Dinge, die man vermutlich sonst nicht gekauft hätte. Durch all diese Maßnahmen wird erreicht, dass der Kunde langsam durch den Laden schlendert und viele Produkte spontan in seinen Einkaufswagen packt.

Ein interessanter Fakt ist außerdem, dass in den Supermärkten in der Regel genau 19°C herrschen. Forscher sind der Meinung, dass Menschen bei dieser

Temperatur am ehesten etwas kaufen, da dies die optimale Wohlfühltemperatur ist.

Lange Wege

Die Grundnahrungsmittel stehen immer möglichst weit auseinander. Und die Frischetheken liegen immer ganz hinten im Laden. Dadurch wird erzielt, dass der Kunde lange durch den Laden laufen muss. Er kommt an vielen Produkten vorbei und legt das ein oder andere davon in den Einkaufswagen. Auch Menschen, die genau wissen, was sie wollen und wo sie hinmüssen, sind gezwungen, durch den ganzen Laden zu laufen. Kaum ein Mensch kann sich den Verlockungen entziehen, die der Supermarkt bietet.

Anordnung der Produkte

Nichts wird dem Zufall überlassen. Auch nicht die Anordnung der Produkte. Es haben viele Studien stattgefunden, um zu ermitteln, wie man es schafft, dass die Kunden am meisten kaufen. Menschen sind faul und deshalb kaufen sie am liebsten das, was sie auf Augenhöhe finden. Aus diesem Grund befinden sich die günstigen Produkte in der Regel oben oder unten im Regal, während die teureren Produkte meist auf Augenhöhe liegen. Dadurch wird der Kunde zum Kauf der teuren Produkte angeregt.

Rabatte und Sonderaktionen machen Supermärkte nicht aus dem Grund, weil sie nett sind, sondern weil sie dadurch Kunden in ihren Laden locken. Oft wird der ursprüngliche Preis viel zu hoch angesetzt, wodurch das Sonderangebot besonders attraktiv erscheint. Meist sind neben dem günstigen Produkt außerdem besonders teure angesiedelt, weshalb die Sonderaktion noch besser erscheint.

Ein interessanter Fakt ist außerdem, dass unser Gehirn auf Sonderangebote das Stirngehirn ausschaltet. Dieses ist für das Hinterfragen von Dingen zuständig. Es werden zusätzlich Botenstoffe ausgeschüttet, die ein gutes Gefühl in uns auslösen. Unser Körper belohnt uns also dafür, sobald wir ein Sonderangebot entdecken. Selbst wenn das Angebot gar nicht so gut ist wie es scheint. In der Regel greift man deshalb sofort zu, wenn man ein Sonderangebot entdeckt, ohne groß darüber nachzudenken.

Die Zone an der Kasse

Für viele ist es wahrscheinlich keine Überraschung mehr, aber diese Zone ist für Supermärkte sehr entscheidend. Wenn man an der Kasse steht, langweilt man sich und hat viel Zeit, sich umzusehen und sich doch noch für das ein oder andere zusätzliche Produkt zu entscheiden. Deshalb befinden sich an der Kasse nur Produkte, die das Potential haben, Menschen süchtig zu machen und dadurch besonders verlockend sind. Wenn die Zone an der Kasse nur mit Brot gefüllt wäre, würde wohl kaum einer zugreifen. Die kleinen Schokoladenriegel und Kaugummis sind da schon sehr viel verlockender. Auch Zigaretten befinden sich immer an der Kasse. Bevor man dort zugreift, sollte man jedoch einen genauen Blick auf den Preis werfen. In der Regel sind die Preise für ein Produkt, das direkt an der Kasse liegt, deutlich teurer als für dasselbe Produkt, das sich hinten im Laden befindet. Diese Kassenplätze sorgen dadurch für sehr guten Umsatz.

Hier setzen die Supermärkte vor allem auf die Kinder. Während diese mit ihren Eltern an der Kasse stehen, werden sie von den leckeren Schokoriegeln verführt.

Beim Warten haben sie viel Zeit ihren Eltern die Ohren vollzuheulen, bis diese schließlich nachgeben und den Schokoriegel kaufen.

Kassenbänder

Beim Hereinkommen in den Laden und während des ganzen Aufenthalts sollen die Kunden entschleunigt werden. Sie müssen langsam durch den Laden laufen. Das endet, sobald ein Kunde am Kassenband angekommen ist. Durch das kurze Band erhält er den Eindruck, er müsste die Produkte besonders schnell auflegen. Dies sorgt dafür, dass der Kassiervorgang beschleunigt wird. Sobald die Produkte kassiert wurden, endet jede Fürsorge für das Wohl der Kunden. Durch das schnelle Vorgehen der Kassierer, die sich sofort den nächsten Kunden vornehmen, wird man regelrecht aus dem Laden geschmissen.

Kartenzahlung

Die Kartenzahlung wurde von den Supermärkten nicht eingeführt, um den Kunden das Leben zu erleichtern. Sie dient dazu, um die Schmerzgrenze beim

Geldausgeben zu verringern. Wer bares Geld ausgibt, sieht ganz genau, wie viel er verliert. Einen 50€-Schein wegzugeben und 2,00€ zurückzubekommen, tut ganz schön weh. Man sieht sofort, wie viel Geld man verloren hat. Bei der Kartenzahlung ist das ganz anders. Man gibt eine Karte her und bekommt dieselbe wieder. Das tut nicht weh. Außerdem wird jemand, der mit Bargeld bezahlen möchte, immer darauf gucken, dass er nur so viel einkauft, wie er auch Geld im Portemonnaie hat. Bei der Kartenzahlung kann man das gesetzte Budget ganz einfach überschreiten und doch noch ein paar Dinge mehr mitnehmen.

Manipulation im Beruf

Besonders im Job stoßen wir sehr häufig auf Manipulation. Hier treffen zwei Interessen aufeinander. Der Arbeitgeber möchte so wenig wie möglich zahlen und erwartet von seinen Angestellten sehr gute Arbeit und viel Eigeninitiative. Im Gegensatz dazu wünscht sich der Arbeitnehmer möglichst viel Geld und möglichst viel freie Zeit. Beide Interessen sind so gegensätzlich, dass deshalb von beiden Seiten oft mit Manipulation gearbeitet wird, um die eigenen Interessen durchzusetzen.

Der Arbeitgeber manipuliert seine Mitarbeiter oft, um die absolute Kontrolle über seine Mitarbeiter und eine höhere Produktivität zu erreichen. Gerne wird auch in die Richtung manipuliert, um weniger Gehalt zahlen zu müssen. Leider gibt es auch die Führungskräfte, die ihre Mitarbeiter mithilfe von Manipulationstechniken unterdrücken, um sich selbst stärker und mächtiger zu fühlen. Man muss sich als Arbeitnehmer definitiv nicht alles gefallen lassen. Wenn man sich am Arbeitsplatz nicht mehr wohlfühlt, sollte man etwas dagegen unternehmen.

Einschüchterung

Die Einschüchterung ist die beliebteste Art der Manipulation von Arbeitgebern. Sie funktioniert ganz einfach. In den meisten Fällen ist sie nicht besonders unauffällig und der Arbeitnehmer merkt ziemlich schnell, was sein Vorgesetzter tut. Dennoch funktioniert es meistens sehr gut. Es ist leider sehr einfach für einen Menschen eine andere Person kleinzureden und ihr das Gefühl zu geben, sie würde nicht genügen.

Arbeitgeber tun dies meistens, indem sie ihren Angestellten nicht loben und stattdessen oft auf Fehler hinweisen, vor den Kollegen kleinmachen und mit Gehaltskürzungen oder Kündigungen drohen. Indem man den Angestellten kleinredet, erreicht man, dass er sich unzulänglich und schlecht fühlt. Dadurch wird er höchstwahrscheinlich nicht die Motivation aufbringen, sich einen anderen Job zu suchen, denn er denkt, dass seine eigene Leistung das Problem auf der Arbeit ist. Der

Mitarbeiter wird sich noch mehr anstrengen, um den Arbeitgeber zufrieden zu stellen.

Tatsächlich zeigt es jedoch viel mehr Erfolg, wenn man seine Mitarbeiter motiviert und viel lobt. Dadurch bleiben sie nicht aus Angst und angekratztem Ego, sondern weil sie sich wohlfühlen und für ihren Vorgesetzen gute Leistungen erbringen wollen. Es herrscht ein viel besseres Arbeitsklima.

Wenn man als Arbeitnehmer unter Einschüchterung leidet, sollte man sich Hilfe von außen holen. Ein guter Freund oder auch die Familie können dabei helfen zu erkennen, dass man auf der Arbeit schlecht behandelt wird. Außerdem können sie dabei helfen, das eigene Ego wieder etwas aufzubessern. Dies ist unbedingt nötig, damit man sich seinem Chef entgegenstellen kann. Wenn man von seinem Vorgesetzten heruntergemacht wird, hat man das Recht sich zu wehren. Selbst wenn die Kritik gerechtfertigt ist, sollte man sich wehren und dem Chef erklären, dass man ein Recht darauf hat, dass er einem den Fehler in ruhigem und freundlichem Ton erklärt und nicht ausfallend wird. Es ist möglich, dass der Arbeitgeber daraufhin verärgert ist, aber man verschafft sich den nötigen Respekt. Wenn sich dennoch nichts an der Situation ändert, muss man sich eventuell nach einem neuen Job umsehen. Kein Mensch hält es auf Dauer aus, sich regelmäßig von seinem Chef schlechtreden zu lassen.

Liebesentzug

Diese Technik klingt in Bezug auf eine Arbeitsbeziehung etwas merkwürdig, findet aber auch dort Anwendung. Wenn man immer der erste Ansprechpartner des Vorgesetzten ist, immer großes Lob bekommt und oft einen Gehaltszuschuss für besonders gute Arbeit erhält, kann ein Entzug dieser Dinge einen Arbeitnehmer ganz schön hart treffen. Ein positives Arbeitsumfeld, in dem man regelmäßig von seinem Chef gelobt wird, ist eine deutlich bessere Methode, um mit Angestellten umzugehen, aber dennoch eine Art der Manipulation. Man möchte auf der guten Seite des Chefs bleiben und wird alles dafür tun. Überstunden, Zusatzaufträge, der Arbeitnehmer wird nichts ablehnen, weil er das nächste Lob von seinem Vorgesetzten erhalten möchte.

Diese Art der Manipulation ist nicht schlimm, solange man damit nicht zu etwas gedrängt wird, was man nicht machen möchte. Es ist wichtig, dass man seine eigenen Grenzen setzt und auch mal damit leben kann, wenn der Vorgesetzte einen mit Liebesentzug bestraft. Wenn man zu seinen eigenen Prinzipien steht, ist das alles was zählt.

Herdentrieb

Ein beliebter Trick, der nicht nur im Büro angewendet wird, ist die Nutzung des Herdentriebes. Wenn ein Mensch das Gefühl bekommt, dass er Dinge anders macht als die meisten Menschen, wird er seine Aktionen zwangsläufig überdenken. Der Arbeitgeber sagt Sachen wie: „Regelmäßige Überstunden sind unter unseren Mitarbeitern normal“ oder: „Ihr Gehalt ist bereits eines der höchsten, die wir auszahlen.“

Dadurch bekommt man automatisch das Gefühl, man müsse sich der Gruppe anpassen und überdenkt die eigene Meinung.

Der Herdentrieb ist etwas, das uns nicht nur im Kindesalter verfolgt. Auch Erwachsene lassen sich davon noch sehr beeinflussen. Um dieser Manipulationstechnik aus dem Weg zu gehen, muss man sich unbedingt als einzelnes Individuum sehen. Nur weil die meisten Mitarbeiter in dem Betrieb regelmäßig Überstunden machen, muss das nicht bedeuten, dass dies richtig ist. Die eigene Meinung darf ruhig von der Herde abweichen.

Foot-in-the-door-Technik

Diese Technik wurde bereits erwähnt. Sie ist allerdings auch im Beruf sehr beliebt. Ein Arbeitgeber, der einen Gefallen von seinem Mitarbeiter haben möchte, macht sich diese Technik häufig zu nutzen. Man bittet anfangs um kleine Dinge, die man immer weiter steigert. Genauso funktioniert es natürlich auch andersherum. Der Arbeitnehmer kann sich dieser Technik ebenso bedienen, wenn er nach Urlaub oder mehr Gehalt fragen möchte.

Hierbei ist es sehr wichtig, jede einzelne Bitte, die man erhält, zu hinterfragen. Natürlich kann man sich hin und wieder einen Gefallen tun, wenn man zusammenarbeitet. Nur so funktioniert eine erfolgreiche Zusammenarbeit. Aber man muss auch seine Grenzen kann und diese ausdrücken können.

Die bekanntesten Manipulationsmethoden

Egal, ob im privaten oder im beruflichen Bereich, in Gesprächen gibt es eine Menge Manipulationstechniken, die man anwenden kann, um sich einen Vorteil zu verschaffen. Um sie anwenden und abwehren zu können, muss man sich einen Überblick über die wichtigsten Techniken verschaffen.

Sabotieren des Gesprächs

Dies ist eine Technik, die bewusst oder unbewusst angewendet wird. Wenn die Emotionen überkochen, kann es passieren, dass man sich aus dem Effekt so verhält. Allerdings kann diese Taktik auch geplant angewendet werden, um den eigenen Wunsch durchzusetzen. Dabei wird das Gespräch so sabotiert, dass es nicht möglich ist, ruhig Fakten auszutauschen. Stattdessen wird das Gespräch abgebrochen und die

Schuld dafür dem Gegenüber in die Schuhe geschoben. Durch einen Emotionsausbruch schafft man es, dem Gesprächspartner das Gefühl zu geben, als ob er etwas falsch gemacht hätte. Dadurch erzeugt man bei ihm ein schlechtes Gewissen, das dazu führen kann, dass er sich entschuldigt. Wenn eine Erklärung verlangt wird, verweigert man diese. Fragen werden nicht richtig beantwortet. Stattdessen wiederholt man mehrmals den eigenen Standpunkt.

Schon Kleinigkeiten können ausreichen, um sie als Auslöser für den Gefühlsausbruch und die Sabotage des Gesprächs zu nehmen. Manchmal beeinflusst man andere Menschen so unbewusst, doch man kann diese Methode auch gut als bewusste Beeinflussung einsetzen. Hierbei muss man allerdings bedenken, dass man die Beziehung zu einem Menschen deutlich verschlechtert, wenn man ihm dauerhaft mit dieser Art der Manipulation begegnet.

Wenn man merkt, dass eine Person einem mit dieser Taktik begegnet, sollte man den Gesprächsabbruch akzeptieren und sich der Situation entziehen. Es bringt nichts, mit jemandem zu diskutieren, der sich weigert. Man sollte niemals die Meinung der anderen Person annehmen, nur weil man den Streit beenden möchte. Stattdessen sollte man die Unterhaltung zu einem anderen Zeitpunkt weiterführen, wenn beide weniger emotional sind.

Schwarz färben

Eine Taktik, die sehr gerne von Menschen verwendet wird, um Aufmerksamkeit auf sich zu ziehen. Daher bedienen sich die Medien gerne daran. Um diese Technik zu verwenden, nimmt man die Position des Gegners auf und malt eine düstere Zukunft. Damit ist man fast immer erfolgreich, weil der Gesprächspartner das Gefühl hat, sich unterstützt zu fühlen. Gleichzeitig spielt man mit der Angst. Angst ist ein sehr starkes Gefühl, dass Menschen schnell dazu verleitet, sich irrational zu verhalten. Wenn man jemandem Angst einjagt, hat man ihn schnell unter Kontrolle. Der Gesprächspartner wird sich schnell zurückziehen.

Um dieser Taktik entgegenzuwirken, muss man immer alle Aussagen des Gesprächspartners hinterfragen und sich immer auch die positiven Aspekte vor Augen zu halten. Man sollte unbedingt überlegen, wie realistisch und wahrscheinlich die Aussagen des Gesprächspartners sind.

Schuldgefühle einreden

Wenn man es schafft, einer Person Schuldgefühle einzureden, hat man sie an der Angel. Man kann sie dazu bringen, alles Mögliche für einen zu tun. Gute Manipulatoren schaffen es, fast jede Situation so umzudrehen, dass sie selbst besser dastehen und die andere Person das Gefühl bekommt, sich entschuldigen zu müssen. Man kann fast jede Situation umdrehen.

Wenn man selbst mit Schuldgefühlen manipuliert wird, sollte man sich immer die Frage stellen, ob diese Gefühle erst dann auftauchen, wenn die Person sie anspricht. Außerdem sollte man sich fragen, ob die Person sich auch eigene Fehler eingestehen kann. Wenn sie Fehler immer von sich wegschiebt, ist das ein Zeichen dafür, dass sie versucht einen zu manipulieren.

Wenn man merkt, dass man von einer Person Schuldgefühle eingeredet bekommt, sollte man sich einige Fragen stellen. Zuerst ist es jedoch wichtig sich bewusst zu machen, dass niemand perfekt ist und jeder

Mensch kleine Fehler macht. Wenn kleine Fehler jedoch überdramatisiert werden, sollte man Abstand von der Situation nehmen und versuchen einen objektiven Blick auf diesen Fehler werfen. Wie würde man diesen Fehler bewerten, wenn man von außen einen Blick darauf wirft? Nur weil die andere Person einem Schuldgefühle einredet, heißt es nicht, dass man selbst kein Recht darauf hat, enttäuscht zu sein. Man sollte sich nicht in eine Rolle drängen lassen, sondern sich nach der eigenen Meinung befragen. Durch objektive Fragen kann man es schaffen sich aus der Position des Täters herauszuholen. Diese Fragen können dabei helfen:

- Ist es richtig, dass du nur die Fehler siehst und die positiven Dinge ausblendest?
- Hast du dir auch mal die Frage gestellt, wie ich mich dabei gefühlt habe?
- Denkst du eigentlich auch mal an die Fehler, die du gemacht hast?

Vergleiche mit anderen

Diese Art der Manipulation funktioniert besonders gut im privaten Bereich. Aber auch auf beruflicher Ebene kann man dadurch Erfolge erzielen. Dass man verschiedene Personen miteinander vergleicht, ist nichts Unnatürliches und wir alle haben es schon einmal gemacht. Den Exfreund mit dem derzeitigen Freund, die neue Kollegin mit der langjährigen Kollegin, die beiden Brüder oder den neuen Hund mit dem alten Hund. Vergleiche sind vollkommen natürlich uns nichts Schlimmes. Doch man sollte eine Person nicht damit konfrontieren, dass man diese Vergleiche anstellt. Wenn man sagt: „Die Person x hat diese Aufgabe besser gelöst" erzeugt man automatisch eine Drucksituation. Je nachdem in welchem Verhältnis man zu dieser Person steht, fühlt man sich verpflichtet, ihr zu beweisen, dass man die Situation ebenso gut lösen kann wie Person x. Dabei verliert man schnell aus den Augen, dass Person x vollkommen andere Charaktereigenschaften hat und vielleicht auch durch einige Dinge einen Vorteil hat und die Situation deshalb besser lösen konnte.

Auch wenn wir es regelmäßig tun, sind Vergleiche zwischen zwei Menschen eigentlich unsinnig. Da jeder Mensch unterschiedlich ist, andere Verhaltensweisen, Charaktereigenschaften und Lebensumstände hat, kann man nicht von einer Person auf die andere schließen.

Wenn man selbst mit einer anderen Person verglichen wird, sollte man darauf nicht hereinfallen. Man sollte die Person, die den Vergleich angestellt hat, darauf hinweisen, dass dieser Vergleich unsinnig ist, da jeder Mensch anders ist und eine Situation anders angeht, und sich auf die richtigen Argumente beziehen.

Preisreduktion

Dies ist eine Taktik, die hauptsächlich im Verkauf angewendet wird. Deshalb sollte beim Einkaufen mit Sonderangeboten vorsichtig sein. Ein Produkt, das 20€ kostet, wird mit einem Schild gekennzeichnet, das aussagt, dass das Produkt normalerweise 50€ kostet, aber auf 20€ reduziert ist. In Wirklichkeit ist das Produkt daher überhaupt nicht günstig, aber dem Kunden wird dies vermittelt. Dadurch ist er eher bereit dazu zuzugreifen. Doch diese Methode kann man auch in anderen Bereichen super anwenden. In Gehaltsverhandlungen zum Beispiel eignet sich diese Methode super. Wenn man 2.500€ brutto verdienen möchte, steigt man etwas höher ein. Zum Beispiel schlägt man 3.000€ vor, und lässt sich anschließend herunterhandeln, bis man bei 2.500€ angekommen ist. Der Arbeitgeber bekommt das Gefühl, er hätte einen Erfolg, in Wirklichkeit hast du jedoch genau das bekommen, was du haben wolltest.

Man kann diese Taktik in allen Bereichen einsetzen. Wenn man sich mit den Freunden für 4 Stunden zum Fußballspielen verabreden möchte, obwohl die Freundin das nicht gutheißen wird, kann diese Technik sehr helfen. Man sagt der Freundin, man wird den ganzen Tag Fußballspielen. Sie ist davon genervt und wird sagen, dass sie das nicht möchte. Man selbst sagt dann, man könne das verstehen, sie hätte ja so recht, aber man würde einfach so gerne Zeit mit den Freunden verbringen. Aber da man auch Zeit mit ihr verbringen möchte, wird man die Fußballzeit reduzieren und sich nur für vier Stunden mit den Freunden treffen. Sie hat daraufhin das Gefühl, dass sie einen Erfolg hatte und man sich nur für sie zurückgenommen hat, obwohl man letztendlich genau das bekommen hat, was man haben wollte. Die Preisreduktion ist daher auf jedem Gebiet anwendbar und kann sehr gute Erfolge zeigen. Natürlich muss man im privaten Bereich vorsichtig sein. Beziehungen können irgendwann daran zerbrechen, wenn die andere Person merkt, dass sie zu oft manipuliert wird. In einer Beziehung sollte man dem Partner respektvoll begegnen, deshalb ist eine häufige Manipulation sehr schädlich. Man sollte sich mit dieser Technik eher zurückhalten und sie nicht allzu oft anwenden, um in der Beziehung den eigenen Willen durchzusetzen.

Allerdings kann man natürlich auch selbst in der Position sein, dass diese Technik bei einem angewendet wird. Man sollte sich davon nicht blenden lassen. Das ist jedoch nicht so einfach. Denn wie alle Techniken wirkt auch diese sehr stark auf das Unterbewusstsein. Man sollte daher jeden Vorschlag unabhängig vom vorherigen Vorschlag betrachten. Wenn jemand einen Vorschlag macht, sollte man diesen objektiv bewerten und sich die positiven und negativen Seiten genau überlegen. Wenn anschließend ein zweiter deutlich milderer Vorschlag folgt, sollte man diesen unabhängig vom vorherigen

Vorschlag betrachten und sich wieder die Vor- und Nachteile ansehen. Dadurch kann man verhindern, dass man sich zu sehr vom ersten Vorschlag manipulieren lässt.

Totschlagargument

In vielen Situationen werden sogenannte Totschlagargumente genutzt. Dabei handelt es sich um Aussagen, die eigentlich keine wirklichen Argumente transportieren, aber denen man auch schwer wiedersprechen kann. Beispiele dafür sind: „Das haben wir schon immer so gemacht", „Das klappt doch sowieso nicht" und „Das geht uns nichts an". Wenn jemand diese Aussagen in einem Gespräch verwendet, weiß man oft nicht mehr, was man daraufhin sagen soll. Sie wirken entwaffnend und sorgen deshalb oft dafür, dass das Gespräch beendet wird. Doch tatsächlich enthalten diese Aussagen kein wirkliches Argument. Wenn man nicht mehr weiß, wie man argumentieren soll, kann man solche Aussagen verwenden. Wenn jemand solche Aussagen in einem Gespräch anwendet, kann man sich daher ziemlich sicher sein, dass ihm die Argumente ausgehen. Deshalb sollte man diese Aussagen auf keinen

Fall so hinnehmen. Viel besser ist es, wenn man diese Aussagen hinterfragt. Sollte eine Person aussagen: „Das klappt doch sowieso nicht“, fragt man daraufhin: „Warum?“. Danach steckt die Person in der Klemme. Höchstwahrscheinlich kann sie nicht begründen, weshalb sie denkt, dass es nicht funktioniert und damit hat man selbst wieder die Überhand in der Diskussion. Besonders das Argument: „Das haben wir schon immer so gemacht“ wirkt sehr entwaffnend. Menschen legen sehr viel Wert auf Traditionen und hinterfragen deshalb nur sehr selten, ob man sie vielleicht nochmal neu überdenken sollte. Doch auch von diesem Argument sollte man sich nicht unterkriegen lassen. Man kann zum Beispiel nachfragen, warum es denn schon immer so gemacht wurde. Welche Gründe gibt es für die Handlung? Wenn es zum Beispiel um die Legalisierung der Ehe zwischen homosexuellen Menschen geht, nehmen viele Menschen als Argumente, dass diese schon immer verboten und verpönt war und es deshalb dabeibleiben sollte. Daraufhin kann man zum Beispiel fragen, weshalb sie schon seit so langer Zeit verboten ist. Gibt es dafür einen wirklichen Grund? Kommen Menschen zu schaden, wenn sich zwei homosexuelle Menschen das Ja-Wort geben? Nein. Es gibt kein wirkliches Argument und schon hat man wieder die Oberhand im Gespräch.

Dieser Technik kann man daher am besten aus dem Weg gehen, wenn man inhaltslose Argumente hinterfragt.

Der Freundschaftstrick

Gute Manipulatoren sind in der Regel charmante Menschen, denen man kaum einen Wunsch ausschlagen kann. Das ist ganz einfach zu erklären. Ein wichtiger Schritt zum Manipulationsexperten ist es, sich bei anderen Menschen beliebt zu machen. Doch wie genau macht man das? Im ersten Moment denkt man, dass es sehr kompliziert ist, Menschen dazu zu bringen, einen zu mögen. Tatsächlich ist es aber gar nicht so schwer. Der erste wichtige Punkt ist eine freundliche und positive Einstellung. Wenn jemand nett ist und alles immer positiv sieht, mag man diesen Menschen automatisch mehr. Deshalb ist auch eine positive Sprache angebracht. Sie löst bei anderen Menschen automatisch ein Wohlfühlgefühl aus.

Der nächste Schritt ist der richtige Smalltalk. Um sich bei einem Menschen sofort beliebt zu machen, muss man ihm kleine Details über sich selbst verraten, mit denen er sich identifizieren kann. Man sollte allerdings nur kurz über sich selbst reden. Viel wichtiger ist es, Interesse and er anderen Person zu zeigen. Man muss Fragen stellen, die den anderen Partner dazu bringen, etwas über sich selbst zu erzählen. Menschen sprechen gerne über sich selbst und das, was sie bewegt. Deshalb treffen sie sich gerne mit Menschen, bei denen sie dazu kommen, etwas von sich selbst zu erzählen. Dazu kommt, dass wir automatisch eine Verbundenheit zu Menschen spüren, die Interesse an uns zeigen. Der Freundschaftstrick wird besonders gerne angewendet, wenn man einen Verkauf machen möchte. Zum Freundschaftstrick gehört auch das Spiegeln der Körpersprache und einigen Aussagen. Dadurch wird man von der anderen Person viel eher als Freund wahrgenommen. Und diesen neuen Freund möchte man nicht enttäuschen, deshalb tut man ihm einen Gefallen.

Es ist ganz einfach, diesen Trick zu umgehen. Dafür muss man sich einfach die Frage stellen, aus welchem Grund man diesem Menschen gerade einen Gefallen tut oder ein Produkt abkauft. Liegt es daran, dass er gute Argumente hatte oder daran, dass man den neuen Freund nicht enttäuschen möchte. Je nachdem wie die Antwort ausfällt, sollte man eine Entscheidung treffen.

Zahlen und Fakten

Zahlen und Fakten sind in unserer Gesellschaft hoch anerkannt. Wer mit Prozentzahlen um sich wirft, wem wird erstmal geglaubt. Denn es wirkt so, als hätte diese Person sich gut informiert und wüsste, wovon sie spricht. Doch woher kommen diese Zahlen und Fakten? Wenn sie nicht hinterfragt werden, können sie auch vollkommen falsch sein. Wurde diese Zahl durch eine Forschung, eine Studie, eine Testgruppe oder durch ein Analyseprogramm entwickelt? Und wenn ja, was genau wurde getestet? Wenn jemand sagt, eine Studie hat ergeben, dass 80% der Männer fremdgehen, sollte man sich fragen, auf welcher Basis diese Studie beruht. Wie viele und welche Männer wurden befragt und von wem wurde die Studie durchgeführt. Manchmal landen die verrücktesten Fakten im Internet, die überhaupt nicht wahr sind, aber auf angeblichen Studien basieren. Besonders gefährlich ist es, wenn jemand sagt: „Es ist ja bekannt, dass 85% von dem, was wir veröffentlichen, nicht beim Adressaten ankommt." Dabei wird davon ausgegangen, dass alle diese Zahl kennen müssten und dumm wären, sie zu hinterfragen. Dadurch trauen sich viele Menschen nicht, genauer nachzufragen. Doch das sollte man tun. Denn nur dann kann man sichergehen, dass man die richtige Entscheidung trifft, die auf wahren Zahlen und Fakten beruht.

Die Expertentaktik

Ebenso wie bei der vorherigen Taktik wird der Gesprächspartner hierbei manipuliert, indem man ihm vorgaukelt, man hätte sich gut informiert und die besten Quellen. Statt auf Zahlen und Fakten konzentriert man sich bei dieser Taktik auf Experten. Gut ist es natürlich, wenn man sich auf einen bestimmten Experten beziehen kann. Wenn jemand allerdings nur sagt: „Wissenschaftler bestätigen diese These" oder: „Experten sind sich da einig", sollte man diese Aussage hinterfragen. Welche Experten sind sich da einig? (Bestimmt nicht alle, die es gibt.) Was genau sagen diese Experten und welche Qualifikation haben sie? Solche Aussagen sind schnell getroffen und entsprechen nicht immer der Wahrheit.

Vielleicht sind diese Experten überhaupt nicht auf dem Gebiet spezialisiert. Viele Menschen lesen sich nur Überschriften von Medienartikeln durch, ohne den ganzen Artikel zu kennen, und haben dadurch falsche Informationen bekommen. Dadurch kursieren schnell falsche Informationen durch die Welt.

Um sich nicht mit falschen Experten manipulieren zu lassen, sollte man solche Aussagen immer hinterfragen und sich selbst informieren.

Garantie aussprechen

Garantien bedeuten für uns eine Menge. Wenn sich eine Person bei einer Sache so sicher ist, dass sie sich dafür verbürgt, dann hinterfragen wir unsere eigene Meinung schnell und neigen dazu, dem anderen zu glauben. Wenn wir unsere Aussagen besonders glaubhaft machen wollen, lohnt es sich daher, Sätze zu bilden mit „Sie können mir glauben, dass...“, „Ich kann Ihnen versichern, dass...“ und „Für mich gibt es absolut keinen Zweifel, dass...“.

Diese Aussagen haben eine große Wirkung, da der Gesprächspartner unterbewusst sehr beeindruckt davon ist, wenn man sich so sehr für eine Aussage verbürgt.

Um sich selbst nicht von dieser Technik manipulieren zu lassen, sollte man sich bewusst machen, dass diese Aussagen meist weniger bedeuten als es den Anschein macht. Eine solche Garantie ist schnell ausgesprochen, weil es in der Regel keine wirkliche Konsequenz gibt. Bei einer Diskussion sollte man sich daher eher auf die Fakten der Aussagen stützen und sich nicht von leichtfertig ausgesprochenen Garantien beeinflussen lassen.

Der Perfektionstrick

Wenn man in einer Diskussion feststeckt und nicht mehr weiß, wie man dem Gesprächspartner die Ansichten schlechtreden kann, lohnt es sich, auf den Perfektionstrick zurückzugreifen. Damit schmettert man die Argumente des anderen ab, in dem man den Gesprächspartner darauf aufmerksam macht, dass sein Vorschlag oder seine Meinung nicht perfekt ist. Zum

Beispiel könnte man sich weigern, in den Urlaub zu fliegen, weil ein Flugzeug nicht zu 100% sicher ist.

Natürlich ist dieses Argument unsinnig, wenn man darüber nachdenkt, denn nichts im Leben ist perfekt oder zu 100% sicher. Doch im ersten Moment weiß man nicht, was man sagen soll, wenn die Fehlerhaftigkeit des eigenen Plans aufgezeigt wird. Denn dass die eigene Meinung oder der Vorschlag nicht perfekt ist, kann keiner verleugnen. Wenn man diese Technik jedoch kennt, kann man ihr auch ganz einfach entgegenwirken. Man muss dem Gesprächspartner nur vorhalten, dass nichts im Leben perfekt ist.

Furcht ausnutzen

Wie bereits angesprochen ist die Angst eine sehr starke Emotion. Sie verleitet Menschen dazu, dumme Dinge zu tun und zu sagen und rationale Argumente zu verwerfen. Um die eigene Meinung zu unterstützen, versucht man deshalb mit der Angst des Gesprächspartners zu spielen. Man hält ihm vor, was alles Schlimmes passieren kann, wenn sich der Gesprächspartner nicht der eigenen Meinung anschließt.

Beliebte Ängste sind der Verlust des Jobs, der Familie, enger Freunde, der Wohnung oder Luxusgütern. Auch die Angst vor einem Streit liegt bei vielen Menschen vor. Mit allen diesen Ängsten kann man wunderbar spielen, um die eigene Meinung zu unterstützen. Dies ist jedoch eine Möglichkeit der Manipulation, mit der man sehr vorsichtig sein muss. Es ist moralisch für die meisten Menschen sehr verwerflich, wenn man dem Gesprächspartner Ängste einredet, die gar nicht wirklich real sind. Man selbst merkt dabei nicht, was man im Gesprächspartner auslöst. Aber starke Ängste können sogar zu Panikattacken oder Verhaltensstörungen führen. Besonders Kinder sind sehr anfällig dafür, deshalb sollte man bei ihnen nicht mit Ängsten spielen, um ein gewünschtes Verhalten zu erreichen. Auf lange Sicht schadet man dem Kind damit. Erwachsene Menschen sind nicht mehr ganz so empfindlich, aber dennoch sollte man vorsichtig sein. In Krisensituationen ist die eigentliche Krise oft nicht das eigentliche Problem. Viel schlimmere Dinge werden durch die Panikreaktionen der Menschen verursacht.

Wenn man selbst von dem Gesprächspartner mit Ängsten konfrontiert wird, sollte man sie blinde Furcht im ersten Moment wegschieben und hinterfragen. Ist es wirklich realistisch, dass diese Ängste eintreten und wie wahrscheinlich ist es? Würden die Auswirkungen wirklich so schlimm sein? Wenn man die Aussagen des Gesprächspartners kritisch hinterfragt, wird man meistens feststellen, dass man gar nicht so große Angst haben muss.

Wir-Gefühl

Menschen sind Gruppentiere. Wir wollen zu einer Gruppe gehören, denn diese bietet uns Sicherheit. Das ist tief in unseren Genen verankert. Deshalb sind wir sehr anfällig dafür, wenn man mit dem Wir-Gefühl spielt. Man bekommt sofort den Eindruck, die andere Person würde einen als Freund oder Verbündeten sehen. Das löst automatisch ein gutes Gefühl aus und man fühlt sich mit dieser Person verbunden. Wenn man jemanden überzeugen möchte, etwas zu kaufen, spricht man ein Problem an, dass der potentielle Käufer hat und dass durch das Produkt gelöst werden kann. Wenn man über dieses Problem spricht, sollte man immer die Wir-Form nutzen und andeuten, dass man dasselbe Problem auch hat. Dadurch entsteht direkt eine Verbundenheit.

Dasselbe System funktioniert allerdings auch sehr gut, wenn man eine private Diskussion führt. Möchte man dem Partner zum Beispiel zu verstehen geben, dass er unordentlich ist, kann man es gut nutzen. Statt zu sagen: „Du räumst nie auf“, könnte man sagen: „Wir sollten unsere Wohnung etwas ordentlicher halten.“

Sofort fühlt sich der Partner viel weniger angegriffen und man kann gemeinsam einen Haushaltsplan erarbeiten.

Um zu verhindern, dass man von dieser Technik selbst zu sehr beeinflusst wird, sollte man sich immer seine eigenen Argumente in Erinnerung rufen, bevor man eine Entscheidung trifft. Das Verbundenheitsgefühl zum Verkäufer sollte nie der Grund sein, weshalb man sich zum Kauf entscheidet.

Drucksituation erzeugen

Druck ist ein sehr erfolgreiches Mittel zur Manipulation. Es basiert ebenfalls auf der Angst und diese ist, wie bereits erwähnt, eine besonders starke Emotion. Man erzeugt beim Gesprächspartner das Gefühl, dass das Angebot nur jetzt steht. Wenn er sich jetzt nicht entscheidet, ist es für immer verloren. Das löst beim Gesprächspartner Verlustängste aus, die dazu führen können, dass er sich vorschnell für das Angebot entscheidet.

Es ist wichtig, dass man in Drucksituationen immer einen kühlen Kopf behält. Deshalb sollte man ein paar Mal tief durchatmen und sich die logischen Argumente durch den Kopf gehen lassen. Nur dann kann man eine Entscheidung treffen, mit der man im Nachhinein zufrieden ist.

Wiederholung

Die Wiederholung ist eine Methode der Manipulation, die besonders gerne in der Werbung angewendet wird. Die Werbung läuft so oft über den Bildschirm, dass man sich das Produkt irgendwann kauft. Diese Methode ist sehr effektiv. Wenn man immer wieder mit einem Produkt konfrontiert wird, setzt es sich irgendwann im Gehirn fest. Wenn man dann im Supermarkt oder im Internet über dieses Produkt stolpert, wird es höchstwahrscheinlich im Einkaufswagen landen. Doch nicht nur in der Werbung kann die

Wiederholung hilfreich sein. Ein Arbeitgeber, der seinen Angestellten glaubhaft machen möchte, dass sie gutes Gehalt verdienen, kann sich diese Technik zu nutzen machen. Dafür würde er jede Woche einmal in ein Gespräch einbinden, wie viel sich seine Angestellten von ihrem Gehalt leisten können. Unterbewusst werden sich diese Aussagen nach mehrmaliger Wiederholung festsetzen und die Angestellten werden irgendwann selbst glauben, dass sie gut verdienen, selbst wenn es nicht so ist.

Die Wiederholung ist eine Manipulationsmethode, die stark auf unser Unterbewusstsein wirkt. Selbst wenn man weiß, dass man gerade von der Werbung manipuliert wird und dies nicht möchte, wird man sich das Produkt wahrscheinlich dennoch kaufen. Um der Manipulation entgegenzuwirken, kann man sich, bevor man eine Entscheidung trifft, die Argumente durch den Kopf gehen lassen, die dafür und die dagegensprechen. Dadurch kann man im Nachhinein sagen, dass man nicht manipuliert wurde, um das Produkt zu kaufen, sondern sich bewusst dafür entschieden hat.

Künstliche Wahlmöglichkeiten

Kein Mensch möchte gerne gesagt bekommen, was er tun oder lassen soll. Jeder möchte gerne die Wahl haben. An diesem Wunsch bedient man sich, wenn man seinen Willen unbedingt durchdrücken möchte. Man stellt die andere Person vor eine Wahl. Dadurch hat diese Person das Gefühl, es gäbe nur begrenzte Möglichkeiten und sie dürfe die Entscheidung treffen. In Wirklichkeit ist dies allerdings keine wirkliche Wahl. Die eine Möglichkeit ist selbstverständlich die, die man selbst möchte. Die zweite Möglichkeit ist eine, die im Gegensatz dazu sehr unattraktiv wirkt. Wenn man ins Kino gehen möchte, die andere Person sich allerdings weigert, kann man zum Beispiel die Wahl aufstellen: „Entweder wir gehen ins Kino oder ins Museum."

Wenn man weiß, dass die andere Person nicht gerne in Museen geht, hat man schon gewonnen. Diese Person wird sich wahrscheinlich für das Kino entscheiden.

Dieser Methode der Manipulation kann man entgegenwirken, indem man immer alles hinterfragt. Man sollte niemals blind zwei Wahlmöglichkeiten akzeptieren, sondern immer hinterfragen, ob es nicht noch andere Möglichkeiten gibt, die man in dieser Situation wahrnehmen könnte.

Gegenargumenten zuvorkommen

Um dem Gesprächspartner den Wind aus dem Segel zu nehmen, kann man bestimmte Phrasen einsetzen, um die eigenen Sätze zu beginnen. Dazu zählen Aussagen wie: „Es weiß doch jeder, dass…“, „Es ist unbestritten, dass…“ und „Es ist ja klar, dass…“. Durch solche Aussagen gibt man dem Gesprächspartner das Gefühl, dass er dumm wäre, wenn er etwas einzuwenden hat. Sein Unterbewusstsein wird automatisch die Haltung einnehmen, dass das genannte Argument richtig sein wird und keinen Wiederspruch einlegen. Schon bevor der Gesprächspartner dazu kommt etwas zu sagen, nimmt man ihm daher den Wind aus den Segeln. Er wird überhaupt nicht mehr dazu kommen, ein Gegenargument hervorzubringen.

Wenn man selbst mit dieser Art der Manipulation konfrontiert wird, kann man sich dagegen ganz einfach wehren. Wichtig ist, dass man die Manipulation erkennt. Wenn man mit den oben genannten Aussagen konfrontiert wird, sollte man dies als Anlass sehen, die folgenden Aussagen erst recht zu hinterfragen. Ein gutes Argument muss nicht durch Manipulation gestützt werden. Von daher könnte es sein, dass es sich um ein schwaches Argument handelt, wenn es durch solch eine Aussage eingeleitet wird.

Emotionale Begriffe einsetzen

Die Begriffe, die man in einem Gespräch nutzt, haben einen großen Einfluss auf uns. Wenn man ein Problem kleinreden möchte, sollte man es anders bezeichnen. Zum Beispiel könnte man eine Krise als „Lernchance" bezeichnen. Dadurch ist der Begriff automatisch mit einem positiven Wort belegt und löst ein besseres Gefühl aus. In den Medien wird diese Technik meistens umgekehrt genutzt. Besonders in den Überschriften werden häufig Begriffe verwendet, die die Situation besonders schlimm klingen lassen. Das macht man, um mit der Angst der Leser zu spielen. Wenn sie bereits durch die Überschrift Angst vor einer Situation bekommen, wollen sie unbedingt den Artikel lesen. Schließlich wollen sie wissen, was genau vor sich geht und auf die Situation vorbereitet sein. Das ist auch der

Grund, weshalb die Medien so gerne mit der Angst der Menschen spielen. Emotionale Begriffe zu verwenden kann allerdings in jedem Gespräch helfen, daher kann diese Art der Manipulation allen Menschen nutzen.

Wenn man selbst damit konfrontiert wird, sollte man sich von solchen Begriffen nicht blenden lassen. Man sollte sich bei jedem Begriff immer fragen, was dahintersteckt. Oft nimmt man die positiven Wörter einfach so hin und macht sich keine großen Gedanken, was eigentlich genau damit gemeint ist. Doch genau das sollte man tun, damit man sich nicht von Begriffen blenden lässt.

Selektierende Informationen

Dies ist eine Art der Manipulation, die sich jeder Mensch schon einmal zu nutzen gemacht hat. Diese Methode wird häufig bewusst eingesetzt, aber noch viel häufiger unbewusst. Sie funktioniert ganz einfach. Wenn man eine bestimmte Meinung vertritt, gibt man nur die Informationen weiter, die diese Meinung unterstützen. Die Werbung ist hierfür ein sehr gutes Beispiel. Aber auch Politiker machen sich dies gerne zu nutzen. Wir alle haben diese Methode allerdings auch schonmal im Privatleben angewendet. Egal, ob es um den nächsten Urlaubsort, die gemeinsame Wohnung, die Anschaffung eines Haustieres oder einen Film für den Abend geht. Unbewusst haben wir definitiv schon einmal jemandem Informationen vorenthalten. Aber auch bewusst haben es die meisten bereits getan. Dabei muss es nicht um etwas wichtiges gegangen sein. Manchmal lässt man kleine Informationen einfach unter den Tisch fallen, die die Gegenseite unterstützen würden.

Indem man Informationen weglässt, kann man Menschen sehr gut manipulieren. Um sich selbst davor zu schützen, ist es wichtig, niemals nur einer Quelle zu vertrauen. Man darf sich seine Meinung nicht anhand von Informationen bilden, die man von einer Person erhält. Stattdessen sollte man sich zusätzlich Informationen von einer Person holen, die eine gegenseitige Meinung vertritt. Heutzutage kann man sich außerdem viele nützliche Informationen aus dem Internet holen. Hier gilt ebenfalls, dass man niemals nur einer Quelle vertrauen sollte.

Im Kreis drehen

Wenn man einen wichtigen Standpunkt hat, von dem man nicht abweichen möchte, kann man ihn immer wieder erwähnen. Wichtig ist, dass man die Formulierung verändert. Dadurch bekommt der Gesprächspartner das Gefühl, dass man viele Argumente hätte, obwohl es tatsächlich nur eines ist. Auf Fragen antwortet man immer wieder mit demselben Argument, dass man ständig in andere Worte verpackt. Wenn man dies geschickt anstellt, merkt die andere Person gar nicht, dass man sich im Kreis dreht, und findet irgendwann keine Argumente mehr.

Um sich gegen diese Methode zu wehren, darf man sich nicht von den veränderten Worten blenden lassen. In einer Argumentation sollte man jedes Argument der Gegenseite analysieren und die Aussage dahinter verstehen. Dadurch wird man es bemerken, wenn sich die Argumente wiederholen. In dem Fall sollte man es direkt ansprechen, um dem Gesprächspartner den Wind aus den Segeln zu nehmen.

Angriff auf die Person

Man muss nicht immer die Argumente der Gegenseite zerschlagen können, um die andere Person von der eigenen Meinung überzeugen zu können. Es kann auch reichen, die Person in Frage zu stellen. Dafür kann alles Mögliche herhalten. Der Charakter, Fehler in der Vergangenheit, der Job oder Möglichkeiten von etwas zu profitieren. Wenn man sich Mühe gibt, kann man bei fast jedem Menschen etwas finden, dass seine Vertrauenswürdigkeit lindert. Ist jemand mal seiner Frau fremdgegangen oder hat ein Paar Schuhe geklaut? Warum sollte man ihm dann jetzt vertrauen? Manchmal kann es bereits so einfach sein, jemanden Frage zu stellen. Frühere Lügen und Betrugsgeschichten werden gerne wieder aufgewärmt, um die jetzigen Handlungen in Frage zu stellen. Besonders gerne wird dies in der Politik verwendet. Aber auch im privaten Bereich wird diese Taktik von vielen Menschen genutzt.

Manchmal wird die Kritik auch etwas subtiler ausgedrückt. Man kritisiert die Person nicht direkt, sondern verpackt den Angriff in angeblichen Fakten und versucht ihn in netten Worten auszudrücken. Dadurch merkt die andere Person nicht so schnell, dass man gerade versucht sie zu manipulieren. Dies führt dazu, dass man erfolgreicher mit der Taktik ist.

Sich dagegen zu wehren, ist nicht immer einfach. Wenn es sich um eine Unterhaltung zwischen zwei Leuten handelt, sollte man sich von einem Angriff auf sich selbst nicht beeindrucken lassen. Dies bedeutet nur, dass der anderen Person die guten Argumente ausgegangen sind. Man sollte darauf hinweisen, dass diese Dinge nichts mit dem Thema zu tun haben und stattdessen auf die logischen Argumente verweisen, die man vorzuweisen hat.

Appell an das Mitleid

Eine sehr beliebte Manipulationsmethode ist die Erregung von Mitleid. Sie ist so effektiv, weil sie auch wirkt, wenn man sie bereits durchschaut hat. Sie funktioniert ganz einfach. Wenn man Angst hat, seinen Job zu verlieren, spricht man dem Chef gegenüber an, dass man alleinerziehend ist. Möchte man nicht, dass der Sohn in ein anderes Land zieht, spricht man an, dass man keine wirklichen Freunde mehr hat und sich ohne ihn sehr einsam fühlen würde. Wie bei allen Manipulationsmethoden kommt es auch hier darauf an, wofür man sie einsetzt. In einigen Fällen ist es in Ordnung bei anderen etwas auf die Tränendrüse zu drücken. Doch wenn man ständig versucht Mitleid zu erregen, um das zu bekommen, was man möchte, kann man auch schnell das Wohlwollen der Menschen verlieren. Durch den Appell an das Mitleid wird man oft dazu gedrängt Spendenverträge für diverse Hilfsorganisationen abzuschließen. Das Problem bei dieser Methode ist, dass man entscheiden muss, wer Mitleid und Hilfe verdient hat. Denn man kann nicht allen und jeden auf der Welt unterstützen. Vor allem kann man sich nicht selbst ständig zurückstellen, um anderen zu helfen. Wenn man sich zu oft durch die Erregung von Mitleid beeinflussen lässt, wird man sich irgendwann selbst vernachlässigen. Bevor man eine Entscheidung trifft, sollte man sich deshalb immer überlegen, ob die Person die Hilfe wirklich benötigt und ob man es sich leisten kann, diese Hilfe zu geben. Man sollte niemals aus Mitleid eine Entscheidung treffen, sondern immer erst dann, wenn man die rationalen Argumente durchgegangen ist.

Appell an Emotionen

Mitleid zu erregen, kann bereits gute Erfolge erzielen. Doch nicht bei jedem Anliegen führt dies zum Erfolg. In manchen Fällen sind andere Emotionen deutlich hilfreicher. Wut, Freude, Begeisterung, Angst, Lust und Liebe sind sehr wichtige Emotionen, mit denen man gut arbeiten kann. Wenn man es schafft, eine dieser Emotionen bei jemandem zu erzeugen, kann man diese Person sehr gut manipulieren und auf die eigene Seite ziehen.

Bevor man eine Entscheidung trifft, muss man sich überlegen, woher die Motivation stammt. Nur aus einer Emotion heraus, sollte man nie eine endgültige Entscheidung treffen. Stattdessen ist es wichtig, dass man vorher alle wichtigen Argumente für und dagegen durchgeht. Wenn man eine Entscheidung auf rationalen Argumenten getroffen hat, kann man sicher sein, dass man sich nicht durch Emotionen hat beeinflussen lassen.

Sich mit allen Mitteln durchsetzen

Dies ist keine wirkliche Methode, für die es eine Anleitung gibt, aber viele Menschen versuchen sich ihren Willen mit allen Mitteln zu erkämpfen. Welche Manipulationen sie dafür anwenden, ist unterschiedlich. Wenn man aber verzweifelt an sein Ziel kommen möchte, wendet man meistens Methoden an, die nicht mehr sehr human sind. In diesem Fall fängt man an dem Gesprächspartner zu drohen, ihm Lügen aufzutischen, ihn persönlich anzugreifen, Druck und ein schlechtes Gewissen zu erzeugen. All diese Manipulationsmethoden sollte man eher nicht anwenden, um ans Ziel zu kommen. Sie lösen beim Gegenüber ein schlechtes Gefühl aus und wenn man sie besonders böse anwendet, können sie sogar im psychischen Missbrauch enden.

Wenn man damit konfrontiert wird, dass jemand sich einem gegenüber so verhält, kann man diesen Menschen getrost ignorieren. Man muss sich bewusst machen, dass die Anfeindungen nicht persönlich gemeint sind, sondern dieser Mensch gerade nur so an die Decke geht, weil er entweder selbst unter Druck steht oder allgemein ein gestresster Mensch ist. Man sollte solchen Menschen aus dem Weg gehen. Wenn man jedoch durch die Arbeit oder die Familie gezwungen ist, mit einem solchen Menschen in Kontakt zu bleiben, sollte man ihm in diesen Situationen klar zu verstehen geben, dass man auf solche Methoden nicht anspringt. Man spricht diese Person ganz deutlich darauf an, dass man weiß, wie sie gerade versucht, einen zu manipulieren und dass man darauf nicht reagieren wird. Das wird höchstwahrscheinlich zu einem Streit führen, aber wenn man sich ein paar Mal durchgesetzt hat, wird diese Person solche Methoden bei einem irgendwann nicht mehr anwenden. Wichtig ist, dass man Menschen, die diese Methoden anwenden, mit einer entspannten Grundhaltung begegnet. Wenn man laut wird und sich von Emotionen leiten lässt, wird man keine guten Ergebnisse erzielen. Viel besser ist es, ruhig zu bleiben und sachlich zu erklären, weshalb man nicht mit solchen Methoden manipuliert werden möchte. Um zu dieser inneren Ruhe zu kommen, kann Meditation helfen.

Der Weg zum Manipulationsprofi

Ein Manipulationsprofi muss niemand sein, der Menschen ins Unglück stürzt und sie schamlos ausnutzt. Wenn man diese Techniken perfekt beherrscht, hat man eine mächtige Waffe in der Hand, mit der man viel erreichen kann. Der Trick ist jedoch, diese Waffe verantwortungsvoll anzuwenden. Ein Manipulationsprofi zu sein heißt daher nicht, dass man alle Techniken zur Manipulation anwendet. Es bedeutet, dass man seine Mitmenschen lesen, seine Ziele erreichen und sich gegen Manipulationstaktiken wehren kann. Es ist daher etwas Gutes, wenn man es dorthin geschafft hat. Allerdings ist dies ein langer Weg.

Die Mitmenschen lesen können

Dies ist der erste Schritt, den man angehen sollte, wenn man es zum Manipulationsprofi schaffen möchte.

Man muss wissen, wann ein Mensch einen anlügt, wie er sich verhält, wenn er nervös ist und wann man es geschafft hat, ihn für ein Gespräch zu begeistern. Deshalb sollte man sich sehr intensiv mit der Körpersprache auseinandersetzen. Wenn man weiß, wie sich ein Mensch in bestimmten Fällen verhält, kann man viel besser auf ihn eingehen. Man sollte sich unbedingt Beispiele ansehen. Filme und Serien sind dafür sehr hilfreich. Doch man sollte sich unbedingt auch im echten Leben umsehen, denn in Filmen sieht man immer nur die geschauspielerte Körpersprache. Auch wenn die meisten Schauspieler sehr gut sind, sollte man sich dennoch auf Menschen im echten Leben konzentrieren. Wir laufen zwar mit offenen Augen durch das Leben, aber erst wenn wir uns auf eine Sache konzentrieren, sehen wir Dinge wirklich. Deshalb sollte man genau beobachten, welche Körpersprache Menschen zeigen, wenn sie sich streiten, sich freuen, nervös sind oder ein Kompliment bekommen haben. Jeder Mensch verhält sich in diesen Situationen anders, aber es gibt gewisse Zeichen in der Körpersprache, die sich öfter wiederholen. Wenn man seine Mitmenschen eine Zeit lang beobachtet, wird man zum Profi in der Körpersprache. Das hilft nicht nur dabei, dass man andere besser analysieren kann, sondern sorgt auch dafür, dass man seine eigene Körpersprache optimieren kann. Dies hilft besonders in Vorstellungsgesprächen und Unterhaltungen mit dem Vorgesetzten. Durch eine gute Körpersprache kann man Selbstbewusstsein und Stärke vermitteln. Dadurch nimmt man in diesen Gesprächen direkt eine ganz andere Position ein und hat einen deutlichen Vorteil.

Auch beim ersten Date macht es Sinn, wenn man die eigene Nervosität nicht so offen zeigt und sich stattdessen selbstbewusst gibt. Denn ein gesundes Selbstbewusstsein wirkt auf jeden Attraktiv.

Eine positivere Sprache

Nicht nur mit der Körpersprache, sondern auch mit Wörtern kann man Menschen beeinflussen. Um zu einem Menschen zu werden, den andere mögen und dem sie gerne einen Gefallen tun, kann man mit der Sprache beginnen. Positive Menschen werden von fast allen Menschen lieber gemocht als negative Menschen. Deshalb ist es ein guter Schritt sich einer positiven Sprache zu bedienen. Das bedeutet, man benutzt positive Wörter, sieht positiv in die Zukunft und ist offen für

Neues. Diese positive Lebenseinstellung ist keine wirkliche Manipulationsmethode, da sie echt ist. Aber sie ist dennoch hilfreich, um seine Ziele zu erreichen. Man kann viel mehr Gefallen einholen, wenn man sich bei den Menschen durch eine positive Ausstrahlung vorher beliebt gemacht hat.

Mit der positiven Sprache beginnt man. Dabei versucht man besonders Verneinungen zu umgehen. Sie sind meistens unnötig und lösen unterbewusst ein schlechtes Gefühl aus. Natürlich machen Verneinung in bestimmten Situationen Sinn. Wenn man eine bestimmte Situation schlecht aussehen lassen möchte, kann es sich lohnen, dort Verneinungen anzuwenden. Ansonsten ist es jedoch besser, wenn man sie umgeht. Dadurch schafft man es, beim Gesprächspartner eine positive Stimmung zu erzeugen. Außerdem sollte man darauf achten, niemanden bewusst schlechtzureden. Auch diese Dinge lösen beim Gesprächspartner unterbewusst ein ungutes Gefühl aus, da er sich im Hinterkopf immer fragt, ob man hinter seinem Rücken auch so über ihn redet.

Aufmunterungen sind ebenfalls sehr wichtig, um sich positiver ausdrücken zu können. Wenn sich jemand mit einem Problem oder schlechter Laune an einen wendet, muss man sich bewusst machen, dass man das Problem nicht lösen muss. Wenn man einen guten Ratschlag hat, kann man diesen natürlich preisgeben. Viel wichtiger ist es jedoch, dass man der Person mit aufmunternden Worten zur Seite steht. Dies klingt im ersten Moment selbstverständlich. Wenn man jedoch in einer solchen Situation ist, hat man meistens nicht nur aufmunternde Worte parat. Oft verheddert man sich darin, eine Lösung finden zu wollen oder nach der Ursache für das Problem zu suchen.

Wenn man es zu einer positiveren Sprache gebracht hat, sollte man allgemein versuchen, Menschen mit einem freundlichen und offenen Wesen zu begegnen und Interesse an ihnen zeigen. Wer sich bei Menschen beliebt machen kann, kann auch viel öfter den eigenen Willen durchsetzen.

Meditation

Dies ist natürlich nicht unbedingt notwendig, um zu einem erfolgreichen Manipulator zu werden. Allerdings kann es sehr hilfreich sein. Der Grund, weshalb Streitigkeiten oft außer Kontrolle geraten, ist, dass

Emotionen und vor allem Stress in die Quere kommen. Man hat sich nicht mehr unter Kontrolle und man kann die Diskussion nicht mehr steuern. Deshalb ist man erst ein richtiger Manipulationsprofi, wenn man seine Emotionen unter Kontrolle hat. Damit einem das gelingt, kann Meditation helfen. Mithilfe von Meditation nimmt man sich bewusste Auszeiten, in denen man sich entspannt und sich auf sich selbst und sein Innerstes konzentriert. Durch regelmäßige Meditation kann man allgemein zu einem entspannteren Menschen werden, der sich besser unter Kontrolle hat. Wenn du mit Meditation nicht zurechtkommst, gibt es allerdings auch andere Möglichkeiten, um zum Ziel zu kommen. Ein entspanntes Hobby, wie Töpfern, Yoga oder Joggen, kann dieselbe Wirkung haben. Wichtig ist nur, dass man sich bei diesen Hobbys wirklich auf sich selbst konzentriert. Das bedeutet, man sieht sich nicht nebenbei eine Serie an oder hört einen Podcast. Stattdessen nimmt man sich von all dem eine bewusste Auszeit, um sich auf sich selbst zu konzentrieren.

Ein entspannter Mensch hat sich in Streitsituationen viel besser unter Kontrolle und das ist das Wichtigste, wenn man das Gespräch in eine bestimmte Richtung lenken möchte.

Beobachtungen anstellen

Für diesen Schritt sollte man sich über die verschiedenen Manipulationsmethoden informieren und sie verinnerlichen. Dafür sollte man sich ein paar Mal durchlesen, wie die verschiedenen Methoden angewendet werden. Anschließend ist man bereit, diese Methoden im echten Leben zu beobachten. Der Vorgesetzte, der Partner, Familienmitglieder, Kollegen und auch Freunde können einen manipulieren. Wenn man die Augen offenhält, wird man überrascht sein, wie oft man Manipulationen ausgesetzt ist. Dies muss nicht immer etwas Schlechtes sein. Die meisten Manipulationen sind harmlos und finden unterbewusst statt. Doch wenn man sie bemerkt, kann man ihnen besser aus dem Weg gehen. Wenn man sich mit den verschiedenen Methoden auskennt, wird dies besonders in geschäftlichen Gesprächen hilfreich sein.

Um zum Profi zu werden, sollte man sich einige Tage Zeit nehmen, um die Menschen in seinem Umfeld zu beobachten. Besonders wenn man einen Kaufvertrag abschließen möchte, sollte man den Verkäufer genau unter die Lupe nehmen. Verkäufer wenden sehr häufig Manipulationstechniken an. Von ihnen kann man einiges lernen. Wenn man mit offenen Augen durch die Welt geht, kann man vielleicht sogar noch einige Methoden kennenlernen, von denen man vorher nichts gelesen hat. Das praktische Lernen ist ein wichtiger Teil auf dem Weg zum Manipulationsprofi. Nach einigen Tagen der Beobachtung hat man einiges dazugelernt und kennt sich mit den häufigsten Manipulationen aus.

Die eigenen Methoden auswählen

Wie bereits gesagt muss ein Manipulationsexperte nicht alle Methoden anwenden, die es gibt. Ein richtiger Profi wählt sich die eigenen Methoden gut aus. Dafür sollte man sich zuerst über die eigenen Prioritäten bewusst werden. Manipulation kann in eine sehr schlechte Richtung gehen, wenn man sie falsch anwendet. Man kann Menschen damit sehr schaden. Deshalb ist es wichtig, Empathie zu entwickeln und immer darüber nachzudenken, ob man mit der Manipulation jemand anderem schaden könnte. Wenn man sich seine eigenen Prinzipien zurechtgelegt hat, kann man sich die Manipulationsmethoden auswählen, die man nutzen möchte. Niemand wird ohne Manipulation auskommen. Wir alle haben bereits Manipulation angewendet. Es ist daher umso besser, wenn man sich die Methoden gut auswählt und gezielt anwendet. Dadurch kann man verhindern, dass man jemandem schadet. Dieser Schritt ist sehr wichtig. Denn wenn man Manipulationsmethoden wild durcheinander anwendet und sich nicht entscheiden kann, verlieren sie ihre Wirkung. Natürlich muss man sich situationsbedingt immer nochmal umentscheiden. Manche Methoden funktionieren gut, wenn man sich mit dem Partner um den richtigen Urlaubsort streiten, sind aber nicht so gut bei einer Gehaltsverhandlung angebracht.

Ein Schutzschild aufbauen

Nachdem man viele Beobachtungen im eigenen Umkreis aufgestellt hat, wird man gemerkt haben, dass man von vielen Seiten manipuliert wird. Allerdings sollte man sich bewusst machen, dass diese Manipulation oft unbewusst stattfindet. Deshalb sollte man es im ersten Moment niemandem übelnehmen. Stattdessen sollte man damit beginnen, sich ein Schutzschild aufzubauen, um Manipulationen abwehren zu können. Es gibt einige Methoden, mit denen man es schaffen kann, sich davor zu schützen. Dies ist ein wichtiger Teil auf dem Weg zum Manipulationsexperten. Wenn man weiß, wie man nicht manipuliert wird, kann man bessere Entscheidungen treffen, selbstbestimmter leben und wird von anderen als starker Charakter wahrgenommen. Um sich ein Schutzschild aufzubauen ist es wichtig, dass man mit den Manipulationsmethoden vertraut ist. Denn nur dann kann man sie auch erkennen. Außerdem sollte man ungefähr wissen, wie man welche Methode abblocken kann. Es gibt aber auch einige Möglichkeiten, wie man allgemein der Manipulation entgegenwirken kann. Diese besprechen wir in diesem Buch noch.

Zum Profi werden

Wenn dieser Schritt doch nur so einfach wäre wie er klingt. Wenn man es allerdings bis hierhin geschafft und alle Schritte befolgt hat, ist man bereits ziemlich weit gekommen und gar nicht mehr so weit davon entfernt, ein Profi der Manipulation zu werden. Was jetzt noch fehlt, ist die regelmäßige Anwendung. In Gesprächen, in denen man sich etwas vom Gesprächspartner erhofft, sollte man ein oder zwei Manipulationsmethoden bewusst anwenden. Dadurch ruft man sie sich selbst immer wieder in Erinnerung und entwickelt sich weiter. Alle Schritte, die bisher gemacht wurden, dürfen jetzt nicht vernachlässigt werden. Es ist wichtig, dass man alles beibehält, was man bisher getan hat. Die Entspannungsübungen, das Beobachten und Informieren sind alles Dinge, die weiterhin gemacht werden müssen. Man hat niemals ausgelernt. Deshalb sollte man sich immer weiterbilden, um ein wirklicher Experte auf dem Gebiet zu bleiben.

An diesem Punkt sollte man sich auch in Erinnerung rufen, dass man Manipulation verantwortungsbewusst anwenden sollte. Manipulationsmethoden sollten positiv angewendet werden und bei niemandem einen Nachteil verursachen. Sobald man jemandem dadurch schadet, sollte man überdenken, wie man sich anderen Menschen gegenüber verhält. Einschüchterung, Liebesentzug und das Einreden von falschen Schuldgefühlen sind keine schönen Verhaltensweisen. Selbst wenn man es dadurch ans Ziel schafft, schadet man jemand anderem damit.

Stattdessen sollte man es mit positiven Methoden versuchen, bei denen sich beide wohlfühlen.

Beim Anwenden der verschiedenen Methoden darf man nicht vergessen, dass auch andere Menschen ständig Manipulationen bei einem anwenden. Man sollte daher niemals sein Schutzschild schwächeln lassen und immer gegen Manipulationsmethoden gewappnet sein.

Vor Manipulationen schützen

Wir haben bereits darüber gesprochen, wie man sich vor den einzelnen Manipulationsmethoden gut schützen kann. Es gibt jedoch auch einige allgemeine Methoden, die man befolgen kann, um Manipulation entgegenzuwirken. Wenn man diese wichtigen Dinge beherzigt, schafft man es, allen Manipulationsmethoden aus dem Weg zu gehen. In wichtigen Gesprächen sollte man sich diese Gegenmaßnahmen unbedingt in Erinnerung rufen.

Im ersten Schritt ist es wichtig, die Art der Manipulation zu erkennen. Wenn man sie beim Namen nennen kann, weiß man genau, was die Person mit einem macht. Deshalb ist es so entscheidend, dass man sich mit den verschiedenen Methoden vertraut macht.

Anschließend kann man die Schwachpunkte der Manipulation erkennen, indem man kritische Fragen stellt. Wer immer alle Aussagen hinterfragt und sich selbst informiert, wird fast jeder Manipulation ausweichen können. Denn Manipulation beruht darauf, dass die manipulierte Person die getätigten Aussagen als wahr aufnimmt.

In einigen Manipulationstechniken geht es darum, dass Scheinargumente getätigt werden, die keine neuen und wertvollen Aussagen enthalten, aber auf den ersten Blick so wirken, als hätte der Gesprächspartner noch einige Argumente parat. Solche Scheinargumente muss man erkennen können, indem jede Aussage der Gegenseite auswertet. Wenn man sie erkannt hat, kann man sie getrost ignorieren, denn dies ist kein wirklicher Beitrag zur Unterhaltung. Um Scheinargumente zu erkennen, kann es außerdem helfen, sich die Argumente einmal alle zusammenzufassen. So erkennt man schnell, ob sie sich wiederholen.

Man sollte bei einer Unterhaltung darauf achten, dass sie nicht zu einseitig ist. Wenn die andere Person ständig nur Fragen stellt und man selbst die ganze Zeit antwortet, ist es sehr wahrscheinlich, dass diese Person versucht, Informationen über einen zu sammeln. Mit diesen Informationen kann die Person einen später manipulieren. Es ist zwar gut, ein wenig über sich preiszugeben, damit der Gesprächspartner nicht das Gefühl hat, man würde ihn abblocken. Aber das Preisgeben von Informationen sollte auf Gegenseitigkeit beruhen. Nur so kann ein ausgeglichenes Gespräch geführt werden. Wenn die andere Person selbst keine Schwachstellen preisgibt, aber einen selbst ständig danach ausfragt, sollte man stutzig werden. In diesem Fall kann es helfen, nicht zu viel über sich selbst preiszugeben, auch wenn die andere Person noch so sympathisch ist. Gleichzeitig sollte man selbst damit beginnen, Fragen zu stellen. Man hat das Recht, ebenso viel über die andere Person zu erfahren wie man selbst preisgibt.

Während man in einer Unterhaltung ist, sollte man die Augen offenhalten und sich fragen, ob es sich beim Gesprächspartner um einen Manipulator handelt. Ein Indiz dafür könnte es sein, wenn die Person einem mit übertriebenem Charme begegnet. Natürlich kann dies auch nur ein Teil des Charakters dieser Person sein. Doch in manchen Fällen handelt es sich auch um einen Manipulator. Wenn diese Person einem zum Beispiel ständig Komplimente macht, bevor sie einen um einen Gefallen bittet, ist dies ein ziemlich gutes Indiz dafür, dass man manipuliert wird und man diesem Menschen nicht zu viel Vertrauen schenken sollte. Andere Anzeichen für einen Manipulator sind es, wenn diese Person einem nur einen Gefallen tut, wenn sie selbst etwas davon hat, wenn der Charme dieser Person schnell verschwindet, sobald sie sich keinen Vorteil mehr erhofft und wenn klar wird, dass sich die Person durch bestimmte Gesten Vorteile verschaffen will. Wenn man merkt, dass man auf einen Manipulator gestoßen ist, sollte man sich nach jedem Kompliment fragen, welcher Beweggrund dahintersteckt. Wenn eine Person einen Gefallen einfordert, nachdem sie einem selbst einen Gefallen getan hat, muss man sich nicht verpflichtet fühlen. Du musst kein Abo abschließen, nur weil der Verkäufer dir durchgehend Komplimente macht. Wenn du es aus anderen Gründen tun möchtest, ist das natürlich absolut in Ordnung, aber lass dich nicht dazu verführen, nur weil diese Person dich mit Charme zu manipulieren versucht.

Bevor man eine Entscheidung trifft, sollte man sich immer fragen, ob man vom Gesprächspartner respektvoll behandelt wird. Druck, Zwang, Drohungen, Erpressung, Liebesentzug und Einschüchterungen sind kein guter Weg, um ans Ziel zu kommen. Sobald man mit einer dieser Methoden konfrontiert wird, kann man sicher sein, dass man von der anderen Person nicht respektvoll behandelt wird und ihr keinen Gefallen schuldet. Man sollte niemals seine Meinung ändern, nur weil man mit einer dieser Methoden konfrontiert wurde. Denn dadurch erfährt der Manipulierende die Bestätigung, dass seine fiesen Manipulationen funktioniert haben, und er wird sie öfter anwenden. Wenn ein Mensch dir nicht auf Augenhöhe begegnet und dir kaum Respekt zeigt, solltest du überdenken, ob du diese Beziehung überhaupt aufrechterhalten möchtest. Eine Grundlage für ein gutes Gespräch sind diese Verhaltensweisen definitiv nicht.

Um einen Sachverhalt zu klären, ist es immer wichtig, gewisse Fragen zu stellen. Es muss das Problem erkannt werden, daher fragt man sich und den Partner, welches Problem es zu lösen gibt und was genau vorgefallen ist. Nachdem verschiedene Punkte aufgezählt wurden, fragt man sich, wie wichtig diese einzelnen Punkte sind und welche die wichtigsten sind. Durch diese konkreten Fragen kann man sicherstellen, dass beide Parteien genau wissen, worum es geht, und man schneller eine

Lösung finden kann. Außerdem schafft man es durch solche Fragen, dass man sich gegenseitig zustimmt. Diese Einigung beruht zwar noch nicht auf der Lösung des Problems, sondern nur auf der Darstellung des Problems, doch selbst solche kleinen Einigungen haben einen positiven Effekt auf beide Parteien.

Manchmal hat man es mit Menschen zu tun, die gerne mal vom Thema ablenken und anfangen, über andere Dinge zu reden. Dem muss man unbedingt entgegenwirken, denn das führt nicht zu einer Lösung des Problems, um das es eigentlich geht. Man darf sich deshalb die Frechheit herausnehmen, zu einer sich wiederholenden Schallplatte zu werden und immer wieder auf das eigentliche Thema zu sprechen zu kommen. Dabei kann man das Thema wiederholen, um das es geht und die einzelnen Standpunkte und Argumente noch einmal nennen. Vielleicht muss man dies öfter machen. Doch nur dadurch kann man dem Gegenüber klarmachen, dass man wirklich an der Lösung des Problems interessiert ist und es nicht akzeptieren wird, sich davon ablenken zu lassen.

Im Notfall kann es sich auch lohnen, das Gespräch zu unterbrechen oder zu beenden. Diese Methode sollte man nur anwenden, wenn man merkt, dass die Unterhaltung zu nichts führt. Besonders wichtig ist, dass man diesen Gesprächsabbruch begründet. Die andere Person muss genau wissen, weshalb man keinen Sinn darin sieht, weiter zu diskutieren. Emotionen sollten keine Rolle spielen. Man sollte niemals mit ausbrechender Wut oder Trauer das Gespräch beenden. Dadurch sabotiert man das Gespräch und manipuliert den Gesprächspartner. Dies sollte aber auch wirklich die letzte Möglichkeit sein, die man ergreift, wenn sonst nichts funktioniert, um zu einer Lösung zu kommen.

Verhörtechniken

Bei Verhören sind Manipulationen sehr wichtig. Kaum ein Schuldiger wird seine Tat zugeben, weil man nett fragt. Um ein Geständnis zu erhalten, müssen die Polizisten und Agenten viele Tricks anwenden. Sie wollen den Verdächtigen aus der Reserve locken, ihm Angst einjagen, ihn mit dem Rücken an die Wand drängen und ihm Schuldgefühle einreden, bis er irgendwann nachgibt und das Verbrechen gesteht. Man muss ein Experte auf diesem Gebiet sein, um ein Geständnis zu erreichen. Die Methoden, die angewendet werden, hat man über Jahrzehnte hinweg entwickelt. Sie zielen alle darauf ab, bei dem Verdächtigen eine Stresssituation auszulösen. Denn unter Stressbedingungen machen Menschen Fehler.

Diese Techniken werden jedoch nicht nur in Verhören, sondern auch in Mitarbeiter- und Bewerbungsgesprächen angewendet. Wer sie beherrscht, hat daher einen klaren Vorteil.

Die Polizei muss nicht natürlich an Regeln halten. Selbstverständlich ist es verboten, einen Verdächtigen zu foltern. Das bedeutet, man darf niemandem Schmerzen zufügen oder androhen oder jemanden daran hindern, seine Grundbedürfnisse zu erfüllen. Außerdem ist es den Polizisten verboten zu lügen. In einem Verhör dürfen sie nicht behaupten, der Komplize hätte bereits gestanden oder der Verdächtige würde bei einem Geständnis eine gemilderte Strafe bekommen. Doch einigen Tricks darf sich die Polizei natürlich bedienen.

Der wichtigste Punkt in einem Verhör ist, dass man herausfinden kann, ob jemand lügt. Dafür ist die Körpersprache sehr ausschlaggebend. Ein Mensch, der die Wahrheit sagt, wird vermutlich Selbstbewusstsein ausstrahlen, denn er hat keinen Grund nervös zu sein. Wer lügt, wird vermutlich Augenkontakt vermeiden, nervös die Arme oder Beine bewegen und einen krummen Rücken bilden.

Doch vor allem das Gesicht ist ausschlaggebend. Ein Lügner wird Probleme damit haben, Freude und eine entspannte Haltung auszustrahlen. Das kann dazu führen, dass ein Lachen und ein Lächeln nur die untere und nicht die obere Hälfte des Gesichts erreicht. Wer beim Lachen tote Augen hat, meint es nicht ehrlich. In ihm schlummert womöglich eine unschöne Wahrheit.

Besonders ausschlaggebend ist allerdings auch das Blinzelverhalten. Da jeder Mensch unterschiedlich oft blinzelt, muss man dies erst beobachten. Bei Fragen, bei denen man die Antworten bereits kennt, kann man gut beobachten, wie oft ein Mensch blinzelt, wenn er die Wahrheit sagt. Wenn dieser Mensch bei den späteren Fragen deutlich öfter blinzelt, könnte dies ein Anzeichen dafür sein, dass er lügt.

Errötete Wangen sind ein bereits sehr bekanntes Anzeichen für einen Lügner. Doch selbst wenn man dies weiß, kann man es nicht verhindern. Rote Wangen entstehen durch die Durchblutung. Wenn man nervös wird, reagiert der Körper darauf, indem die Wangen erröten. Daran kann niemand etwas ändern. Es ist daher ein sehr wichtiger Vorgang des Körpers, auf den man unbedingt achten sollte, wenn man einen Lügner entlarven möchte.

Die meisten Menschen fühlen sich unwohl dabei, wenn sie jemanden anlügen. Deshalb gehen sie in dieser Situation in der Regel auf Abstand. Sie versuchen den

Abstand zur anderen Person zu vergrößern, Augenkontakt zu vermeiden oder verschränken ihre Arme vor der Brust. Außerdem versucht ein Lügner oft das Thema schnell abzuhaken und über etwas anderes zu sprechen, damit sie sich wieder wohler fühlen.

Da sich die meisten Menschen sehr unwohl fühlen, wenn sie lügen, halten sie meisten eine Hand vor das Gesicht. Das ist ein unbewusster Versuch, sich selbst zu schützen.

Auch Aussagen wie „Ich weiß nicht genau“, „Ich glaube, es war…“ oder „Meines Wissens nach…“ sollte man genau unter die Lupe nehmen. Sie könnten eine Lüge ankündigen. Der Lügner fühlt sich wohler damit, wenn er seine Lüge durch diese Aussagen etwas verharmlost.

Menschen, die nicht die Wahrheit sagen, versuchen es in der Regel hinauszuzögern, dass sie lügen müssen. Deshalb zeigen sie Verhaltensweisen, wie das Wiederholen der Frage und das Ablenken auf andere Themen. Außerdem versucht er vermutlich auf frühere Aussagen zu verweisen, um zu vermeiden, die Lüge noch einmal aussprechen zu müssen.

Alle dies können Anzeichen für einen Lügner sein. Allerdings sollte man die Person vorher beobachten, um herauszufinden, wie sie sich verhält, wenn sie die Wahrheit sagt und sich in einer Situation wohlfühlt. Denn alle diese Verhaltensweisen können auch einfach nur auf einen Menschen mit schüchternem Charakter hinweisen. Man muss deshalb beobachten, wie sich die Verhaltensweisen im Verlauf des Gesprächs verändern. Wenn ein Mensch anfangs sehr selbstbewusst auftritt, später allerdings immer öfter blinzelt, Augenkontakt vermeidet und auf Abstand geht, sind dies Anzeichen dafür, dass er nicht mehr die Wahrheit sagt. Genauso kann es allerdings auch bedeuten, dass sich dieser Mensch gerade einfach nur unwohl in der Situation fühlt. Aus diesem Grund sind die körpersprachlichen Signale leider nicht ausschlaggebend, um einen Lügner zu entlarven.

Die beliebteste Taktik der Polizei ist das Eindringen in die Lüge. Ein Mensch, der lügt, muss sich eine Geschichte ausdenken, die so niemals passiert ist. Um herauszufinden, ob diese Geschichte stimmt oder nicht, versucht man Fehler zu finden. Kaum ein Mensch kann sich eine perfekte Lügengeschichte ausdenken. Jeder wird irgendwo kleine Logikfehler einbauen. Oft passiert es auch, dass man Dinge aussagt, die man anschließend vergisst. Wenn man später noch einmal danach gefragt wird, ändert man seine Aussage in diesem Punkt. Das ist immer ein Indiz für die Polizei, dass etwas mit der Geschichte nicht stimmt.

Deshalb versucht die Polizei in die Lüge hervorzudringen. Das schaffen die Polizisten, indem sie Fragen zu den kleinsten Details stellen. Behaupten die Verdächtigen, sie wären zum Zeitpunkt der Tat gemeinsam essen gewesen, wird die Polizei scheinbar unwichtige Fragen stellen. Sie wollen zum Beispiel wissen, welche Farbe die Tischdecke hatte, in welchem Stockwerk sich das Restaurant befand und welche Gerichte bestellt wurden. Wenn sich die Verdächtigen in diesen Punkten wiedersprechen, bröckelt die Lügengeschichte. Sobald man die Personen mit diesen Wiedersprüchen konfrontiert, werden sie nervös und machen weitere Fehler.

Aus vielen Filmen kennt man die Taktik „Guter Bulle–Böser Bulle". Dabei nimmt der eine Polizist die einschüchternde Position ein und versucht den Verdächtigen unter Druck zu setzen. Der andere Polizist

ist nett und mitfühlend und gibt dem Verdächtigen das Gefühl er könnte ihm vertrauen. Es soll erreicht werden, dass der Verhörte zu dem netten Polizisten Vertrauen fast und ihm die Wahrheit erzählt. Doch warum braucht es dafür den bösen Bullen? Nur nett zu sein kann ebenfalls bereits die gewünschten Ergebnisse erzielen. Doch viel erfolgreicher wird der nette Bulle sein, wenn der Verdächtige jemanden in seinem Nacken sitzen hat, der ihn unter Druck setzt. Das kann jeder Mensch bei sich selbst beobachten. Wenn man einen schlechten Tag hatte und der Chef mal wieder unfreundlich war, braucht man die netten Worte eines Freundes umso mehr. Genauso geht es auch dem Verdächtigen, nur er kann leider nicht nach Hause gehen und sich dort ausheulen. Stattdessen wird er sich an den netten Polizisten wenden.

Eine Taktik, die besonders beim „Guten Bullen“ angewendet wird, ist die, dass der Verhörende dem Verdächtigen ähnlich sieht. Aber auch außerhalb der „Guter Bulle – Böser Bulle“ – Taktik wird dies gerne angewendet. Unser Unterbewusstsein ist eben ein wenig rassistisch. Auch wenn wir uns bewusst dagegen entscheiden, Menschen anders zu behandeln, nur weil sie anders aussehen, bleibt unserem Unterbewusstsein der Rassismus erhalten. Wenn wir jemandem begegnen, der uns ähnlich sieht, verspüren wir eine stärkere Verbundenheit zu ihm. Wenn der Verdächtige eine Beziehung zu dem verhörenden Polizisten aufbauen soll, wird deshalb darauf geachtet, dass die beiden sich vom Aussehen her angleichen. Dies ist nur eine Kleinigkeit, aber sie hat eine Auswirkung auf das Unterbewusstsein des Verdächtigen und kann dazu führen, dass er eher dazu bereit ist, ein Geständnis abzugeben.

John Reid war ein Polizist, der die Verhörtechniken revolutionierte. Er entwickelte eine Methode, die aus drei Phasen besteht. In der ersten Phase muss man herausfinden, ob der Verdächtige Anzeichen einer Lüge zeigt. Wenn dies der Fall ist, geht man einen Schritt weiter. Man möchte herausfinden, ob diese nervösen Verhaltensweisen tatsächlich durch Lügen zustande kommen. Die Polizisten vermitteln dem Verdächtigen, dass sie bereits alle Beweise gegen ihn in der Hand hätten. Anschließend versucht man ihm Verständnis vorzugaukeln. Der Verdächtige soll das Gefühl bekommen, dass der Polizist absolut nachvollziehen kann, weshalb er die Tat begangen hat. Dadurch bekommt er das Gefühl, dass das, was er getan hat, gar nicht so schlimm war und ein Geständnis liegt plötzlich nicht mehr im Bereich des Unmöglichen. Im letzten Schritt verhält man sich so, dass der Verdächtige das Gefühl bekommt, ein Geständnis wäre die bessere Alternative. Der Polizist fängt an, dem Verdächtigen andere Taten anzuhängen, die deutlich schlimmer sind. Im Gegensatz dazu wirkt die eigentliche Tat nicht ganz so schlimm und genau das versucht der Polizist zu vermitteln. Daraufhin hat der Verdächtige das Gefühl, er könnte seine Tat gestehen.

Offiziell ist es den deutschen Polizisten nicht erlaubt, diese Taktik anzuwenden, da der Verdächtige dabei mehrmals getäuscht und belogen wird. Beides ist in einem verhör verboten. Allerdings wird diese Taktik allen Polizisten gelehrt.

Das Wiederholen von Fragen ist in einem Verhör ein besonders beliebtes Mittel. Der Polizist wird dieselbe Frage immer wieder stellen, sie vielleicht ein bisschen verändern, aber der Kern bleibt der Gleiche. Im ersten Moment wirkt diese Taktik vielleicht schwachsinnig, aber das ist sie ganz und gar nicht. Damit können gute Erfolge erzielt werden, denn durch das ständige Wiederholen kann man den Willen des Verdächtigen brechen. Wenn man dies über eine lange Zeit durchhält, kann der Verdächtige irgendwann gar nicht mehr anders, als mit der Wahrheit zu antworten. Die Wiederholung haben wir bereits als Manipulationsmethode erwähnt und auch hier kann sie gute Dienste leisten.

Am besten bringt man jemanden dazu die Wahrheit zu sagen, indem man davon ausgeht, man wüsste sie schon längst. Natürlich ist das Lügen in Verhören verboten. Man darf dem Verdächtigen daher nicht erzählen, dass der Kumpel bereits alles gestanden hat. Um sich dieses Mittel dennoch zur Hilfe zu machen, kann man jedoch auf Suggestivfragen zurückgreifen. Dies sind Fragen, die so gestellt werden, dass man dem Verdächtigen das Gefühl gibt, man wüsste schon alles. Anstatt also zu fragen: „Kennst du diesen Mann?“ stellt man die Frage: „Wann und wo hast du dich mit diesem Mann getroffen?“.

Wenn es sich um Brandstiftung handelt, fragt man nicht: „Hast du den Brand gelegt?“, sondern: „Wie bist du an so viel Benzin gekommen?“.

Diese Beispiele machen deutlich, was mit Suggestivfragen gemeint ist. Man macht dem Verdächtigen deutlich, dass man bereits davon ausgeht, er habe die Tat begangen, und man nur noch Details wissen möchte. Diese Taktik macht einiges mit dem Unterbewusstsein. Wenn der Verdächtige diesen Fragen für eine lange Zeit ausgesetzt ist, wird das Unterbewusstsein irgendwann überzeugt davon sein, dass die Polizei eh schon alles weiß und es keinen Sinn mehr macht, es zu leugnen.

Die Wortwahl bei einem Verhör ist sehr wichtig. Damit der Verdächtige die Tat gesteht, muss er das Gefühl bekommen, dass sie doch gar nicht so schlimm war. Der Polizist darf dem Verdächtigen natürlich keine Strafmilderung versprechen, aber er kann die Straftat durch seine Wortwahl weniger schlimm erscheinen lassen. Dadurch wird eine Vergewaltigung eher als sexueller Missbrauch bezeichnet. Dadurch, dass man die Tat anders bezeichnet, klingt sie in den Ohren des Verdächtigen nicht ganz so schlimm und die Angst davor verschwindet. Wenn man dies über einen langen Zeitraum beibehält, steigt die Wahrscheinlichkeit, dass der Verdächtige gestehen wird.

Um den Verdächtigen zu verwirren, wird auch gerne das Verhaltensanalyseinterview angewandt. Ein sehr komplizierter Name für eine recht einfache Methode. Es geht darum, dass man sich am Anfang etwa 20 Fragen zurechtlegt, die man dem Verdächtigen vor dem Verhör stellen wird. Dies sind Fragen, die darauf abzielen, einen Smalltalk mit dem Verdächtigen zu führen. Deshalb handelt es sich um sehr persönliche Fragen. Man erreicht eine entspannte Atmosphäre, in der sich beide wohlfühlen und steigt ganz plötzlich auf die Verhörfragen um. Es gibt keinen langsamen Einstieg, sondern stellt dem Verhörten direkt eine Frage, die ihn zum Geständnis bringen soll. Anschließend folgt wieder eine persönliche Frage und danach wieder eine Verhörfrage. Durch diese Abwechslung verwirrt man den Verdächtigen. Bei persönlichen Fragen wird er seine Erinnerungen befragen und ehrlich antworten, während er bei den Verhörfragen Lügen wird (vorausgesetzt, dass er ist schuldig). Durch diese Abwechslung zwischen dem Hervorrufen von Erinnerungen und dem Weben einer guten Lügengeschichte schafft man es, den Verdächtigen zu verwirren und ich zu Fehlern zu verleiten.

Schuldgefühle werden auch gerne in Verhören angewendet. Dies ist ein sehr starkes Gefühl, das uns innerlich auffressen kann und wir versuchen alles, um es wegzubekommen. Deshalb kann man damit so gut arbeiten. Das Problem ist, dass dieses Gefühl bei jedem unterschiedlich auftritt. Man muss daher zuerst herausfinden, wo man den Verdächtigen treffen kann. Ein Serienmörder hat in der Regel keine Schuldgefühle seinen Opfern gegenüber. Einige Serienmörder haben allerdings auch eine Familie, die sie über alles lieben. Dort kann man sie viel eher treffen. Wenn es sich jedoch um einen einmaligen Mord oder einen Totschlag handelt, kann es sein, dass man dem Verdächtigen auch über das Opfer Schuldgefühle einreden kann. Besonders wenn es sich um einen Mord unter Eheleuten gehandelt hat.

Haftungsausschluss

Dieses Buch enthält Meinungen und Ideen des Autors / der Autorin und hat die Absicht, Menschen hilfreiches und informatives Wissen zu vermitteln. Die enthaltenen Strategien passen möglicherweise nicht zu jedem Leser, und es gibt keine Garantie dafür, dass sie auch wirklich bei jedem funktionieren. Die Benutzung dieses Buchs und die Umsetzung der darin enthaltenden Informationen erfolgt ausdrücklich auf eigenes Risiko. Haftungsansprüche gegen den Autor für Schäden materieller oder ideeller Art, die durch die Nutzung oder Nichtnutzung der Informationen bzw. durch die Nutzung fehlerhafter und/oder unvollständiger Informationen verursacht wurden, sind ausdrücklich ausgeschlossen. Das Werk, inklusive aller Inhalte, gewährt keine Garantie oder Gewähr für Aktualität, Korrektheit, Vollständigkeit und Qualität der bereitgestellten Informationen. Druckfehler und Fehlinformationen können nicht vollständig ausgeschlossen werden.

Impressum: ZP Digital Mihail Kogalniceanu 66 of.3 MD-2009 Chişinău Moldova, zpdigital@yahoo.com

Printed in Poland
by Amazon Fulfillment
Poland Sp. z o.o., Wrocław

68323733R00063